서른 살 감정공부

감정 때문에
일이 힘든 당신에게

서른 살
감정공부

감정코칭 전문가 함규정 지음

위즈덤하우스

프롤로그

　비즈니스라는 말을 생각했을 때 가장 먼저 떠오르는 단어들은 치열함, 생존, 끈질긴 노력 등이다. 냉혹한 비즈니스 세계에서 살아남기 위해 그만큼 치열하게 노력하고 인내해야 하기 때문이다.
　많은 직장인들이 회사에서 살아남기 위해, 그리고 더 높은 곳으로 올라가기 위해 눈에 보이지 않는 전쟁을 치른다. 역사 속 전투처럼, 눈에 보이는 무기는 물론 사용하지 않는다. 그러나 광개토대왕처럼 말을 타고 적진으로 돌진하지 않아도, 삼국지에 나오는 관우처럼 청룡언월도를 굳이 휘두르지 않아도, 우리는 그 못지않은 전쟁을 매일매일 치르고 있다.
　그런데 신경을 곤두세우며 전략을 짜고 야근을 불사하며 일을 해도, 이상하게 직장생활이 힘이 들 때가 있다. 하나같이 내가 원하는 대로 풀리지 않는다. 이번에는 꼭 승진이 될 거라 믿었는데, 엉뚱하게도 바로 옆자리 김 과장이 승진한다. 지금까지 인사고과를 잘 받아와서 회사에서 보내주는 연수를 갈 수 있겠다며 주변에 자랑해두었는데, 황당하게도 같은 팀 김 대리가 간단다. 대체 뭐가 문제일까?

일단, 당신이 일을 처리하는 업무 역량이 생각보다 낮을 수 있다. 그런데도 '난 일 잘하는 사람이야'라는 착각을 스스로 해왔는지 모른다. 그게 아니라 객관적으로 살펴봐도 특별히 동기들보다 업무능력이 크게 처지지 않는데도 자꾸 직장 내에서 상황이 꼬인다면, 완전히 다른 관점에서 생각해볼 필요가 있다. 업무가 아닌 사람과의 관계를 풀어가는 소통능력의 관점에서 말이다. 어쩌면 당신의 미숙한 감정소통능력이 지금까지 당신의 발목을 잡아왔는지도 모른다. 직장에서 느끼는 감정에 대한 당신의 대응력이 문제일 수 있다.

회사에서 핵심인재로 두각을 나타내기 위해 우리는 많은 일들을 한다. 영어회화능력을 키우고, 프레젠테이션 기술을 배우고, 자격증을 따고, 야간 대학원까지 다닌다. 이런 노력들은 중요하다. 회사가 요구하는 기대 수준에 부응하도록 노력하는 건 필수다. 그런데 이것만 가지고는 부족하다. 그저 1% 부족한 것이 아니고 당신이 생각하는 것보다 훨씬 많이 부족하다. 앞서 살펴본 영어회화능력 및 프레젠테이션 스킬, 자격증 등은 당신이 회사에서 성공하는 데 매우 일부분만 영향을 미칠지도 모른다.

어떤 사람은 내게 이렇게 반문한다. "내 주변에는 소통은 잘 못해도, 일 잘하고 그 분야의 전문성이 뛰어나서 성공한 사람 많거든요!"라고.

물론이다. 당신이 연구소나 학교에서 해당 지식을 연구하고 개발하는 일을 하고 있다면 더더욱 그럴 것이다. 하지만 당신이 현재 팀이나 부서에 몸담고 있으며, 일하는 과정에서 주변 동료, 상사, 부하, 외부 사람 등과 협력해야 한다면 상황은 달라진다. 당신이 노벨상에 버금가는 상을 탈 만큼의 천재성을 지녔거나 우리나라에서 "아! 그 분야라면 아무개지!"라는 인정을 받는 상황이 아니라면, 감정소통능력은 당신에게 반드시, 꼭 필요하다.

당신이 주위 사람들의 감정을 읽고 현명하게 대응하는 감정소통능력을 갖춘다면, 원하는 목표를 더 빨리 성취할 것이다. 상상했던 것보다 훨씬 더 많은 성과를 단시간에 얻을 수도 있다. 당신이 성공하기 위해서는 주변 사람들의 지원, 도움, 능력, 힘이 필요하기 때문이다. 지금까지 당신이 업무 스킬을 향상시키기 위해 노력했던 양의 2분의 1, 아니 5분의 1 정도만이라도 소통에 관심을 가져보자. 소통은 당신이 상상한 것 그 이상의 힘을 가지고 있다. 당신이 소통의 스킬을 갖게 된다면, 다른 사람들의 능력을 마치 당신의 것처럼 사용할 수 있다. 그들의 마음을 얻으면, 그들의 인맥과 전문성과 행운을 마치 당신 것처럼 자유자재로 활용할 수 있게 된다.

"도대체 소통의 기술은 어떻게 향상시킬 수 있나요?" 하고 답답한 마음부터 들 수 있다. 소통을 잘해야 한다는 건 알겠는데, 도무지 구체적인 방법이 손에 잡히지 않을 것이다.

괜찮다. 단박에 욕심부릴 필요는 없다. 우선은 당신이 직장에서 만나는 상사, 부하, 동료 들을 떠올려보자. 그리고 직장 사람들과 함께 지내면서 부딪히게 되는 감정적 성향들을 생각하며 이 책을 읽어가자. 어떤 감정적 대응이 더 현명하고, 어떤 감정관리전략이 소통을 방해하며 관계를 위험하게 만들 수 있는지에 대해서 생각해보는 것만으로도 당신의 직장생활을 원만히 풀어가는 데 큰 도움이 된다.

30대 직장인들을 만나면 대개 나에게 이렇게 하소연한다. "직장생활을 하다 보면, 정말 별의별 사람을 다 만나요"라고 말이다. 맞는 말이다. 직장에서 30대면 밑으로는 후배 직원을 두고 위로는 여러 명의 상사를 모셔야 하는 위치다. 일도 많고 감정적 부담도 만만치 않을 시기다. 그야말로, 감정까지 눈치 보며 업무를 해야 한다. 위아래, 내외부에서 다양한 사람들을 만나고 여러 가지 감정적 상황들에 부딪혀 매 순간 힘이 든다. 그러나 이러한 상황을 현명하게 풀어가는 감정대응전략은 분명 있다. 상대의 감정을 대략 알고 내 입장에서 현명하게 대응하려고 노력하면, 서로 간의 극심한 오해는 피할 수 있다. 서로를 적으로 헐뜯으며 욕하는 일은 막을 수 있다. 굳이 나를 사랑하게끔 만들거나 나의 열렬한 지지자로까지 만들기는 어렵겠지만, 나를 못 잡아먹어 안달 나게 하는 걸 막을 순 있다. 당신은 이 책에서 소개하는 소통의 기술을 통해, 실제 업무현장에서 벌어지는 꽤 많은 문제와 갈등 들이 생각 외로 쉽게 풀리는 경험을 하게 될 것이다.

감정공부를 시작하기 전에

사회생활을 좌우하는 보이지 않는 힘, 감정

　직장인 10명 중 6명이 "매일 아침 해 뜨는 것이 싫다"고 응답했다는 조사결과가 있다. 생각해보면 예전 우리가 중·고등학생이었을 때도 그랬다. 시험이 싫고, 공부가 귀찮고, 수업시간이 지루해서 학교 가기 싫었던 때가 있었다. 우연히 아침에 눈 떴는데 주변이 어둑어둑하면 좀 더 잘 수 있다는 안도감, 학교 가기까지 아직 시간이 남아 있다는 여유에 기분이 좋았다. 아늑한 이불 속으로 파고들면서 "아, 진짜 좋다~"는 말이 절로 나왔다. 그런데 창밖이 환해지면서 엄마가 "일어나, 얼른! 아침이야!"라고 말씀하시는 소리를 들을 땐, "해 뜨는 게 싫다!"며 짜증을 냈던 경험들은 누구나 있다. 그런데 학창 시절로부터 10년, 15년, 20년이 지난 지금도, 우리는 여전히 아침에 비슷한 상황을 반복해서 경험한다.

　회사에 입사한 지 얼마 안 된 신입사원 시절, 채용난을 뚫고 버젓이 회사에 들어갔다는 그 자부심에 출근길이 마냥 신 났다. 정장을 차려입고 어깨에 각을 세우고 상쾌한 아침 공기를 마시고 집을 나선다. 전철 안에서 출근하는 직장인들 무리 속에 섞여 있는 동안, 소속감과 뿌듯함을 느낀다.

'아, 나도 이제 사회인들 중 한 사람이 되었구나. 내가 벌어서 스스로 밥벌이하는 엄연한 직장인이구나.'

그런데 아침마다 가슴 뛰던 출근길이 어느샌가 부담스러운 출근길이 되었다. 그게 언제부터일까. 파김치가 된 채 잠자리에 들어, 여전히 피로에 찌든 채로 아침에 눈을 뜬다. 아무리 잠을 자고 나도 피로는 여전히 내 몸 구석구석에 남아 있다. 전철 안 직장인들 사이에 끼여 이리저리 밀리며 생각한다.

'사람 많을 때 말고, 한가할 때 전철 한번 타봤으면 좋겠네.'

저 멀리 회사 정문이 보인다. 회사 건물이 점점 가까이 다가올수록 내 마음을 짓누르는 것들이 생각난다. 프로젝트, 매출, 성과, 실적, 영업, 고객 등의 단어들이 순식간에 내게로 달려드는 것만 같다. 실적이 낮다고 회의 때마다 잔소리를 늘어놓는 상사, 손발이 맞지 않아 협업이 안 되는 팀원, 시키면 시키는 대로 하지 않는 뺀질뺀질한 신입직원의 얼굴들이 떠오른다. 가슴이 답답하다.

정도의 차이는 있겠지만, 누구나 직장생활의 힘듦이 있다. 직장생활을 하면서 단 한 번도 이런 감정을 느껴보지 못한 사람은 아마 없을 것이다. 이렇게 하루하루 고된 직장생활을 조금이라도 더 행복하고 성공적으로 할 수는 없는 걸까?

그런데 우리가 직장생활이 힘든 이유를 해부하듯 낱낱이 적어 정리해보면, 업무가 과중하고 야근이 많고 연봉을 적게 줘서 그럴 때도 있지만, 대부분은 원인이 다른 곳에 있는 경우가 많다. 되돌아보면, 같은 상황에서도 우리는 다르게 행동한다. 야근이 계속되던 어느 날 저녁, 팀장이 말한다.

"요즘 일이 많아 다들 힘들지? 하던 일들 접고, 나가서 회식하자고!"

당신은 종일 계속되는 회의와 제안서 작성에 지칠 대로 지쳐 있다. 뒷골이 당기고 그저 집에 가서 눕고 싶은 생각뿐이다. 게다가 당신은 팀장에 대한 감정이 썩 좋지만은 않다. 높은 직급에는 약한 모습, 낮은 직급에는 강한 모습을 보이는 팀장에게 정이 안 간다. 당신은 팀장의 회식 제안을 듣는 순간, 짜증이 확 치민다. 지금까지 일했으면 된 거지, 회식까지 참석해야 하나 싶어 화가 난다. 감정적으로 불편해진 당신은 저녁 먹는 자리에서도 시큰둥하다. 몸이 천근만근 땅으로 꺼지는 것 같다. 몸 구석구석 안 아픈 데가 없다. 금방이라도 쓰러질 것처럼 피곤하다.

그다음 주, 역시나 야근이 계속되는 어느 날, 친한 동료 하나가 갑자기 번개 모임을 제안한다.

"간만에 술 한잔 하자! 어때?"

당신은 현재 완전히 기진맥진한 상태다. 손 하나 까딱할 힘도 없는 것 같다. 그런데 이상하게 동료의 제안에 힘이 난다.

"그래? 뭐 먹을 건데? 누구누구 모여?"

갑자기 활력이 생긴다. 남들은 다들 집에 돌아가 씻고 자리에 누울 시간에, 당신은 마음 맞는 동료들과 우르르 술집으로 몰려간다.

"아~ 진짜 힘들었다니깐! 글쎄, 회의 시간에 말이야…"

당신과 동료들은 서로의 이야기에 시간 가는 줄 모른다. 피곤은 어느새 저만치 물러나 있다. 대체 왜일까? 똑같이 야근하고 똑같이 밥 먹는 자리인데, 왜 어떨 때는 피곤이 쌓이고 어떨 때는 피곤이 풀리는 걸까.

바로 당신의 감정 때문이다. 말이 잘 통하고 소통이 잘되는 사람들과 함께하면, 상황이 힘들고 몸이 고되어도 크게 힘들지 않다. 반면에, 맡은 일이 재미있어도 함께하는 사람들과의 관계가 안 좋으면 지옥이 따로 없다. 직장 내 사람들과 소통을 제대로 못하면, 다름 아닌 내가 가장 힘들다. 선생님이 싫어지면 학교 가기 싫어지듯, 직장 사람들이 싫어지면 회사 가기가 고통스럽다. 게다가 내 능력이 아무리 출중해도, 그들과 제대로 소통하지 않으면 상사가 내 앞길을 막고 동료가 내 성공을 방해하고 고객이 클레임을 건다.

당신이 원하는 직장생활의 진정한 성공은 당신의 상사, 부하, 동료와 당신이 느끼는 감정에 의해 상당 부분 좌우된다. 그래서 감정소통이 중요하다. 상대방의 감정을 제대로 이해하고, 그 감정에 현명하게 대응하는 기술이 필요하다.

"전 원래 감정에 관심이 없어요."

"억지로 사람들과 잘 지낼 생각이 없어요."

"그냥 생긴 대로 살면 되지, 굳이 감정을 소통하는 스킬까지 배워서 직장에서 써먹어야 하나요?"

만약 당신이 이런 생각을 하고 있다면, 어쩔 도리는 없다. 하지만 앞으로 다음과 같은 경우에 종종 부딪힐 수 있다. 특별히 남보다 업무를 못하는 건 아니며 스펙도 괜찮은데, 상사가 결정적으로 중요한 업무는 내게 맡기지 않는다. 회사 동기들이 나한텐 연락을 안 하고 자기들끼리 모이는 횟수가 많아진다. 내가 시키는 일에는 부하 직원들이 시큰둥하고 열심히 하지 않는다. 술 한잔 하자고 해도 흔쾌히 따라나서는 사람이 없다. 어쩌다 사람들과 점심을 같이 먹게 되면, 내게 말을 시키는 사람이 없어 조용히 밥만 먹는다. "에이, 감정소통 안 한다고 그런 상황들이 꼭 발생하는 건 아니겠죠!" 하고 반문할 수도 있다. 하지만 스스로 솔직하게 생각해보자. 감정의 중요성을 인식하지 못하여 상대방의 감정을 존중하지 않고, 배려하지도 않으며, 현명하게 소통하지 않는 사람에겐 얼마든지 발생할 수 있는 상황들이 아닐까. 이런 상황들에 처하는 걸 원하지 않는다면, 지금부터라도 감정에 관심을 가져야 한다. 직장에서 함께 지내는 상사, 부하, 동료의 감정을 읽고, 나아가 자신의 감정을 적절히 관리하며 소통에 신경 써야 한다.

다른 사람의 감정을 읽는 능력은 실제로 직장생활의 성공뿐 아니라 우리의 생존과도 밀접한 관련이 있다. 찰스 다윈은《인간과 동물의 감정표현에 대하여》란 책에서 감정을 읽는 능력이 인간의 생존에 어떤 영향을 미치는지를 설명했다. 예를 들면, 멀리서 걸어오는 사람이 나에게 우호적이면서 도움을 줄 사람인지, 아니면 나에게 적대감을 느끼고 있으며 나를 공격하려고 하는지를 파악하는 능력은 생사와 관련이 있다는 것이다.

장담컨대, 직장에서 타인의 감정을 읽고 현명하게 대응할 수 있게 된다면, 당신이 예상한 것보다 더 많이 당신의 직장생활은 편해질 것이다.

우리가 자주 잊는 사실, "그들도 사람이다"

인간은 이성적인 존재 이전에 감정적 존재라는 사실을 대부분의 사람들이 인정한다. "말도 안 돼! 사람은 전적으로 이성적인 존재라고요!"를 외치는 사람조차도 어떤 결정을 내리려 할 때 특정 감정이 자꾸 개입되는 경험을 한 적이 있을 것이다. 내가 몇 년 전 지도했던 정성철 팀장은 전형적인 모범생 스타일의 사람이었다. 매사에 정해진 규범을 지키려고 노력했고, 공정한 직원평가를 하려고 애썼다. 옆에서 바라보고 있으면, 지금까지 살면서 공정하지 않은 일은 단 한 번도 하지 않았을 것 같은 사람이었다. 그런 정 팀장에게는 유독 맡은 업무를 힘겨워하고 스트레스를 받는 후배 직원이 있었다. 당시 정 팀장은 후배 직원이 성과를 제대로 내지 못하기 때문에 인사고과점수를 좋게 줄 수 없다는 걸 스스로 잘 알고 있었다. 그런데도 그 후배 직원에게 자꾸 마음이 쓰인다고 내게 말했다. 그리고 자신이 그러는 이유는 본인도 10년 전에 후배 직원과 똑같은 업무를 맡으면서 어려움을 이미 경험했기 때문이라고 했다. 후배 직원은 고객에게 전화를 걸어 회사제품을 소개하는 일을 맡고 있었다. 전화를 하면 냉정하게 끊어버리는 고객부터 자기 전화번호를 어떻게 알고 전화했느냐며 성질을 내는 고객까지 다양한 사람들과 통화하는 것이 주 업무였다. 정 팀장은 본인이 이 업무를 시작하면서부터 전화통만 보면 가슴이 턱 막히는 것 같았고, 고객에게 전화를 걸고 신호음이 울리는 동안 심장이 터질 것처럼 쿵쾅거렸다고 회상했다. 다른 업무를 하는 직원들이 불평불만을 할 때는 엄하게 지도하던 정 팀장은 이상하게 이 업무를 하는 후배 직원들만큼은 안쓰럽게 느끼고 있었다.

'업무의 스트레스 강도가 일반 직원들과는 다르지….'

인사고과를 할 때마다 자기도 모르게 이런 생각이 들면서 고과점수가 후해졌다.

사실 인사고과를 할 때 업무의 스트레스 강도도 중요하지만, 이것 하나만 가지고 성과를 평가할 수는 없다. 스트레스 강도와 무관하게 회사에서 큰 비중을 차지하는 다른 업무들이 분명 있다. 그렇다면 정 팀장은 도무지 공정하지 못한 사람일까? 단순히 그렇게만 볼 수는 없다. 누구도 정 팀장에게 손가락질할 수는 없다. 왜냐하면 딱히 이런 경우가 아니더라도, 우리는 매 순간 자신이 느끼는 감정을 토대로 의사결정을 하고 상대방을 판단하며 행동으로 옮기게 되니까 말이다.

우리는 직장에 출근하면서 막연히 이런 생각들을 한다.

'직장은 이성적인 곳이야. 직장에서 일하는 우리는 매사에 합리적으로 생각하고 판단해야 해. 감정을 배제하고 논리적으로 움직이는 곳이 바로 회사니까.'

하지만 그럼에도 우리는, 직장생활을 하면서 말도 안 되는 상황들을 자주 접한다. 같은 학교 나왔다고 동문 후배를 먼저 챙기는 상무, 옆자리에 찰싹 붙어 아부하는 팀원을 편애하는 팀장, 해외 출장 갈 때 자기 맘에 드는 후배를 계속 데려가는 차장까지. 이들은 모두 정상이 아닌 걸까? 도덕관이 잘못 형성된 사람들일까? 아니다. 따지고 보면, 당신도 예외가 될 수는 없다.

당신이 학교에 다니던 학창 시절로 돌아가보자. 공통과제 때문에 아침 일찍 모이기로 한 날, 추적추적 비가 내리고 있다. 그리고 두 명의 친구가 늦었다. 한 명은 평소 당신과 자주 이야기를 나누고 친근하게 지내던 친구다. 당신은 헐레벌떡 뛰어온 그 친구를 보며 생각한다.

'비 오는 날은 원래 차가 많이 막히지….'

당신은 너그럽게 친구를 맞는다.

"차 많이 막혔지? 우리 아직 시작도 안 했어. 숨 좀 돌려."

그런데 동시에 다른 한 친구가 들어온다. 대화할 때마다 왠지 모르게 기분을 상하게 만드는 친구다. 당신은 똑같이 숨을 몰아쉬며 헐레벌떡 달려온 그 사람을 보며 생각한다.

'비 오는 날엔 차가 막힐 거라는 생각을 왜 못한 걸까? 쯧!'

당신은 미간을 찌푸리며 말한다.

"너만 바쁘냐? 우리도 다 바쁜 사람들이거든. 이럴 거면 다음부턴 모임에 끼지 말든가."

동일한 상황에서도 상대방에 대해 느끼는 감정이 다르면, 다른 반응과 행동이 나온다. 이는 유독 당신뿐 아니라 지구 상의 모든 사람들이 다 마찬가지다. 심리학자 앨리스 아이센은 전문성과 합리성을 중요시하는 병원 전문가들조차도 감정 상태에 따라 생각과 결정이 달라진다는 연구결과를 발표했다. 환자가 병원 방사선과 직원들에게 작은 선물을 주었을 때, 더 정확하고 빠른 판단이 내려졌던 것이다.

우리가 직장에서 만나는 상사, 동료, 부하 직원 역시 감정을 토대로 움직인다. 이유는 간단하다. 그들도 인간이기 때문이다. 아무리 냉정한 듯 합리적인 듯 행동해도, 결국 그들의 행동과 결정의 근원은 그들의 감정에 있다.

이런 이유 때문에 당신은, 자신의 감정뿐 아니라 그들의 감정에 대해서 예측하고 생각하고 제대로 반응할 수 있어야 한다. 직장 사람들의 비위를 맞추라는 의미가 아니다. 당신이 상대방의 감정을 배려하고 있으며, 상대방의 감정이 당신에게 하찮은 것이 아니라 소중하다는 점을 표현하라는 것이다. 이를 통해, 상대방과 현명한 관계를 유지하고, 상대방을 오해하게 만들거나 감정적으로 상하게 하는 치명적인 실수들을 피하라는 것이다. 상사가 화가 나 있는데 상사의 감정을 제대로 파악하지 못해 기름을 붓는 행동을 하거나, 슬픈 동료 앞에서 당신의 성과를 자랑하는 것은 결코 현명하지 못한 행동이다.

  감정소통하는 기본적인 규칙들만 제대로 알면, 직장생활을 꾸려 나가는 데에 큰 무리가 없다. 물론, 사람은 성격에 따라 동일한 자극에 대해서 다른 반응을 보일 수가 있다. 자신이 가진 성격과 경험을 토대로, 똑같은 자극에도 다양한 감정들을 느끼고 반응한다. 그러나 그럼에도 사람의 감정에는 기본적인 규칙이 있다. 사람이라면 누구나 적용될 수 있는 보편적인 감정의 규칙 말이다. 따라서 성격과 성별이 다르고 자라난 환경이 달라도 상관없다. 감정들에 대해 현명하게 대처하는 공통된 룰을 지키면 서로 긍정적인 감정소통이 가능하게 된다. 이 책을 통해 당신은 불필요한 오해를 피하고 직장 내에서 가능한 한 적군의 수를 줄이며 원만한 관계를 형성할 수 있는 소통의 기술을 배우게 될 것이다. 이제부터 직장 내에서 대상별, 상황별로 어떻게 상대방의 감정에 반응하고 소통하는 것이 현명한지에 대해 함께 살펴보자.

차례

프롤로그　　　　　　　　　　　　004
감정공부를 시작하기 전에　　　　　008

1 누구나 자기만의 감정이 있다

:: '모시는 분'을 탐구하는 시간　　　　　023
:: 분노를 받아내는 당신의 자세　　　　　031
:: 그들도 외롭다, 그래서 당신이 필요하다　039
:: 애환은 부메랑이 되어 돌아온다　　　　043
:: 민감한 사람들과 별 탈 없이 지내는 법　051
:: 직언과 망언 사이　　　　　　　　　　057

2 아무도 내 마음이 어떤지 묻지 않았다

:: 질투의 밑바닥에는 두려움이 있다　　　065
:: 나는 누군가와 끊임없이 연결되고 싶다　075
:: 공감, 감정의 톤을 맞추는 법　　　　　085
:: 뒷담화에 대처하는 두 가지 기술　　　091
:: 감정 과잉인 사람들로부터 벗어나는 법　095

3 그래도 너의 마음을 읽기로 했다

:: 당신의 울화통은 누가 건드리는가　　　103
:: 뾰로통한 표정 뒤에 숨어 있는 것들　　108
:: '애지중지'는 더 이상 통하지 않는다　　115
:: 다 갖춘 당신이 모르는 결정적 한 가지　122
:: 나는 왜 일하기 싫은가　　　　　　　　128
:: 유한 당신이 단호해지는 법　　　　　　136

4 지혜로운 사람은 감정도 공부한다

- 비교를 멈추고 '의미'부터 찾아야 하는 이유　　147
- '처음 느낌'대로의 해석은 금물　　152
- 잘하고 싶다면 다짐을 멈춰라　　155
- 피할 수 없는 권태기에 대처하는 법　　159
- 욱하는 것도 습관이다　　165
- 밝은 감정은 어떻게 전염되는가　　171
- 준비하고, 요구하고, 기다려라　　177
- 반대를 못하는 건 나약해서가 아니다　　181

5 가끔, 눈물은 버리고 간다

- 강한 자는 억울할수록 웃는다　　189
- 감정을 담기엔 위험한 도구, SNS　　194
- '못 들은 척'하는 당신을 '못 보는 척'하는 것　　197
- 모든 관계에는 적당한 거리가 필요하다　　202
- 때와 장소를 가리는 현명한 한풀이법　　207
- 물건을 전달하는 순간 감정도 전달된다　　210
- 신입의 유통기한은 언제인가　　216
- '밥을 함께 먹는다는 것'의 의미　　220
- 거절은 당당할수록 좋다　　225
- 맞추려고 하지 말고, 솔직하고 자연스럽게　　230
- '싫은 소리'에도 전략이 필요하다　　235

에필로그　　242

1

누구나
자기만의 감정이 있다

'모시는 분'을 탐구하는 시간

"지피지기면 백전불태(知彼知己 百戰不殆)"라고 했다. 《손자(孫子)》〈모공편(謀攻篇)〉에 나온 글귀다. 사전에 보면, 다음과 같이 해석하고 있다.

> 상대를 알고 나를 알면 백 번 싸워도 위태롭지 않다는 뜻으로, 상대편과 나의 약점과 강점을 충분히 알고 승산이 있을 때 싸움에 임하면 이길 수 있다는 말.

《손자》는 병가(兵家)의 서적으로, 주로 전쟁에서 이기기 위한 전술이 기록되어 있다. 그런데 이 책에는 흥미로운 점이 있다. 손자가 말한 바로는, 싸움터에서 치열하게 피를 흘리며 전투를 하여 적을 이기는 것은 전술가의 급수들 중에 하급이라는 것이다. 그리고 〈모공편〉은 적군에게 이기는 방법들이 소개된 책이다. 여기에서도 역시 최고의 승리로 꼽는 것은, 싸우지 않고 이기는 것이라고 나와 있다. 굳이 내 몸을 다쳐가며 희생을 감수하고 싸울 필요가 없이, 싸우지 않고도 이기는 방법이라니 듣기만 해도 통쾌하다.

많은 사람들이 싸움에서 당연히 이기고 싶어 한다. 그 싸움의 대상이 상사든, 부하든, 심지어 가족이든 상관없이, 일단 이긴다는 건 기분 좋은 것이다. 할 수만 있다면, 백전백승을 꿈꾼다. 그런데 위의 병가 서적에서는 백 번 싸워 백 번 이기는 것이 최고의 전술이 아니며, 싸우지 않고서 적을 굴복시키는 것이 전술 중의 상급이라 보고 있다. 그리고 그 방법으로 '지피지기'를 강조한다.

이를 직장 내로 적용해보면, 나 자신을 아는 것도 중요하지만 무엇보다 상사가 어떤 유형인지를 알아야 그에 맞는 현명한 대응과 소통이 가능해진다고 할 수 있다. 대부분의 직장인들이 자신의 상사가 어떤 유형인지 알고 있다고 믿는다. 그러나 막상 "상사가 어떤 유형인데요?"라고 물어보면, 우왕좌왕하기 시작한다.

"인간적으로 나쁘진 않아요. 그런데 짜증이 많아요. 일이 잘 안 풀리면 욱해서 화도 내고요. 술자리에서 부하 직원들 잘 챙겨주긴 하는데, 어떨 때 보면 되게 이기적이에요."

도대체 어떤 유형이라는 건지 듣고 있는 나도 헷갈린다. 물론, 이런 식으로 상사의 성향을 파악하는 것도 중요하다. 그러나 우리는 상사와 가족관계는 아니다. 동아리 모임을 하고 있는 동호회 회원 관계도 아니다. 이익을 창출해야 하는 조직에서 만난 상사와 부하의 관계다. 따라서 상사를 평가할 때, 형이나 삼촌, 오빠로서 평가하는 것이 아니라 좀 더 업무와 밀착해서 그 스타일을 평가해야 한다.

무엇보다 상사에 대해 파악해야 할 점은, 상사가 어떤 문제해결성향이나 판단성향을 가지고 있느냐는 것이다. 어떤 유형의 자료나 보고서를 선호하며, 어떻게 업무나 상황을 평가하는지를 아는 것이 중요하다. 지금부터 상사의 유형을 생각해보고, 이후 업무를 하면서 나타나는 상사의 여러 가지 감정적 상황에 대해 어떻게 대처해야 할지를 살펴보자.

최근 기업에서도 MBTI Myers-Briggs Type Indicator 등 조직원들의 성격유형을 나누는 진단지를 사용하는 경우가 많다. MBTI는 스위스의 정신의학자이자 심리학자인 융의 심리유형론을 토대로 하여 개발된 셀프성격유형지표다. 그러나 굳이 MBTI를 통해 16가지의 성격유형으로 나누어보지 않더라도, 융의 문제해결 스타일 Problem-solving style 진단을 통해 상사의 스타일을 간단히 확인해볼 수 있다. 이 방법은 상사가 회사에서 어떻게 문제를 해결하는 스타일인지를 파악하여 성향을 분류하는 것이다. 상사가 정보를 수집하고 업무를 처리하는 방식을 보면, 어렵지 않게 짐작할 수가 있다. 주변과 어떻게 상호작용하는지를 겉으로 드러나는 행동으로 살피는 성격파악방법, 즉 사회적 속성 진단을 적용해보자.

사회적 속성 진단은 두 가지 기준을 가진다. 우선 정보수집방법이다. 당신의 상사가 잘 정리되고 정돈된 자료를 선호하는지(감각형 Sensation), 아니면 세세한 것보다는 큰 그림을 그리기를 좋아하고 새로운 접근방식의 자료들을 선호하는지(직관형 Intuitive)로 나누어 생각한다. 당신의 상사는 어느 쪽 유형에 더 가까운지 곰곰이 생각해보자.

이제 사회적 속성의 두 번째 기준으로 넘어간다. 두 번째 기준은 상사의 평가방법에 대한 스타일이다. 업무를 할 때, 화합을 중시하고 갈등을 피하고 싶어 하는지(감정형 Feeling), 아니면 합리적인 의사결정을 선호하면서 이성적인 부분을 강조하는 성향인지(사고형 Thinking)를 생각해보자. 당신의 상사는 어느 쪽에 가까운가? 두 가지 기준에 대해 상사의 스타일을 떠올렸다면, 다음 그래프에 당신의 상사가 대략 어디에 속하는지 표시해보자.

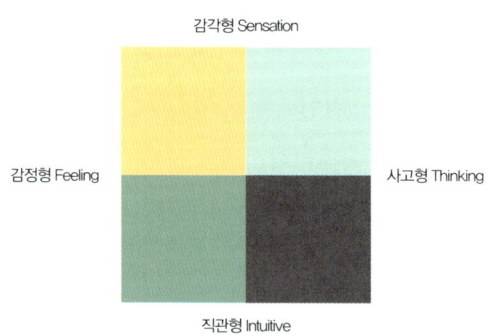

만약 나의 상사가 감각형이면서 감정형에 속한다면, 왼쪽 상단 면에 표시하면 된다. 또는 상사가 사고형이면서 직관형에 해당된다면, 오른쪽 하단 면에 속할 확률이 높다. 상사의 유형을 표시했다면, 이제 각각의 유형이 어떤 성향을 보이는지 알아보자. 네 가지 유형 중 하나에 딱 맞아떨어지는 경우도 있겠지만, 그렇지 않은 경우도 있다. 그런 경우에는, 일반적으로 더 자주 보이는 문제해결유형에 초점을 맞추어 생각하면 된다.

감각형 Sensation

감각형 – 감정형	감각형 – 사고형
대인관계를 중시한다. 대인스킬이 발달되어 있다. 친절하고 공감을 잘한다. 열린 소통방식을 갖고 있다. 사람들에게 즉각적으로 반응한다. 강점: 공감, 협업 주된 목표: 타인 지원 대표적 인물: 아니타 로딕(더바디샵 창업주)	기술중심적으로 사고한다. 논리적 분석에 뛰어나다. 정확하고 정돈된 스타일이다. 규칙과 절차를 중시한다. 믿음직스럽고 책임감이 있다. 강점: 세심한 관찰력, 정리 주된 목표: 정확한 업무처리 대표적 인물: 티모시 쿡(애플 CEO)
직관형 – 감정형	직관형 – 사고형
통찰력이 있다. 아이디어가 많고 인간적이다. 창의성이 뛰어나다. 사람에 바탕을 둔 아이디어가 많다. 인간적으로 높은 잠재성을 갖는다. 강점: 풍부한 상상력, 새로운 조합 강조 주된 목표: "세상을 아름답게" 대표적 인물: 허브 켈러허(사우스웨스트항공 전 CEO)	사색적이다. 스스로 이해가 되어야 업무를 한다. 종합적으로 해석하는 능력이 높다. 논리에 바탕을 둔 아이디어가 많다. 객관적이며 업무를 중시한다. 강점: 탐구력, 문제해결능력 주된 목표: 상황 돌파를 위한 문제해결 대표적 인물: 폴 앨라이(제록스 전 CEO)

감정형 Feeling / 사고형 Thinking

직관형 Intuitive

상사가 감각형-감정형에 해당되는 경우에는, 기본적으로 인간관계를 중시한다. 따라서 상사와 긍정적인 인간관계를 형성할 수 있도록 노력하는 것이 좋다. 시간이 될 때 따뜻한 커피를 한 잔 책상 위에 올려놓고 메모를 남긴다든가, 상사에게 자기계발과 관련된 조언을 요청하는 것도 바람직하다. 다른 사람을 지원하고 돕는 데에서 의미를 찾는 유형이다.

반면, 직관형-사고형의 경우에는 사람보다는 업무에 초점을 두는 스타일이기 때문에 감각형-감정형일 때와는 다르게 대처하는 것이 좋다. 아무리 당신이 인간적으로 친밀하게 대해도, 논리적이며 사무적인 성향이 강하기 때문에 당신의 인간적인 면을 그리 높게 평가하지 않는다. 그보다는 보고서를 작성할 때 논리적인 부분에 신경을 써서 상사를 이성적으로 이해시키는 것이 더 중요하다. 사적인 문제로 업무에 지장을 주지 않도록 조심하며, 매사에 신중한 태도를 보이는 것이 상사의 신뢰를 얻는 데 도움이 된다.

상사가 감각형-사고형에 해당되는 경우에는, 정확성을 지키는 것이 가장 최우선이다. 회의 시간 엄수나 서류 제출 기한을 제대로 지키고, 책상 정리·정돈에도 신경 쓰는 것이 좋다. 이런 유형의 상사는 부하 직원의 책상을 볼 때마다 어지럽게 서류가 널려져 있는 책상 상태를 지적하는 경우가 많다. 지적까지는 아니더라도 인상을 자주 찌푸린다. '저런 정신 없는 책상에서 무슨 일을 하겠어!' 하고 생각하는 유형이 바로 감각형-사고형이다. 복잡한 데이터 등도 별 무리 없이 처리하는 유형이므로, 숫자 등에도 꼼꼼하게 신경 써서 실수가 없도록 확인한 후 결재를 올려야 한다. 정확성이 떨어지면 마음에 들어 하지 않는 성향이 강하다. 이런 유형의 대표적 인물로 현재 애플의 CEO인 티모시 쿡을 들 수 있다. 유카리 이와타니 케인이 쓴 《겁에 질린 왕국: 스티브 잡스 이후의 애플》이란 책을 보면 티모시 쿡의 스타일을 이렇게 표현하고 있다.

> 쿡과의 회의에서 겁먹는 직원들이 있다. 그에게는 참선 같은 차분함이 발산되고, 말들이 절제된다. 그는 마운틴 듀를 마시면서 "당신의 숫자에 대해 말해보세요. 당신의 스프레드시트를 제출하세요"라고 말한다. 쿡은 어떤 사람에게 집중할 때, 스스로 만족할 때까지 매섭게 질문들로 몰아세운다. "이게 무엇이죠?", "이게 무슨 뜻이지요?", "이해할 수 없는데요. 왜 이것을 명확하게 만들지 못하나요?" 하고. 그는 똑같은 질문을 10회 연속 질문하는 것으로 알려져 있다.

마지막으로 상사가 직관형-감정형에 속한다면, 그는 매우 창의적이고 아이디어가 많은 사람이다. 업무와 관련된 아이디어에 관심을 두기보다는, 주로 직원관리와 사람에 초점을 둔 아이디어들을 많이 고민하고 제시한다. 대표적인 인물이 사우스웨스트 항공의 전 CEO인 허브 켈러허다. 그는 특히 직원들에게 큰 관심과 애정을 가졌던 인물이다. 고객, 주주, 직원 중에서 가장 중요한 존재가 직원이라고 말했으며, 실제로 직원들이 직장문화를 즐겁게 누릴 수 있도록 조직을 이끌었다.

당신의 상사가 허브 켈러허까지는 아니더라도, "즐겁게 일하자"는 말을 자주 하며 신바람 나는 팀 문화를 만들려고 다양한 아이디어를 내고 있다면, 그에 적절히 부응하는 팔로워십을 보여야 한다. 당신이 타고난 모범생 유형이라서 "팀장님, 이건 규칙에 어긋나요", "절차상 그렇게는 어렵습니다", "회사가 놀이터는 아니잖아요"라는 말만 계속 반복한다면, 당신은 결코 이런 유형의 상사와 잘 지낼 수가 없다.

상사의 유형을 제대로 알아야 상사와 긍정적으로 소통할 수가 있다. 이제 대략 상사의 스타일에 대해 생각해봤다면, 구체적으로 각각의 상황에서 상사가 보이는 감정에 어떻게 현명하게 대응할지를 살펴보자.

분노를
받아내는
당신의 자세

　　　　미국 예일대학교의 심리학과 교수인 피터 샐로비와 데이비드 카루소 박사의 저서《하트스토밍》에는, 직장에서 가장 편하게 표현하는 감정과 가장 자주 표현하지 않는 감정이 무엇인지에 대한 조사결과가 나온다. 과연, 직장에서 별 부담 없이 쉽게 표현하는 감정은 무엇이었을까? 즐거움? 기쁨? 아니면 행복이었을까? 직장인들에게 물었을 때 가장 압도적으로 많이 답한 감정은 바로 '화'였다. 특히, 사장, 임원, 리더 등 직장에서 직급이 높을수록 화를 내는 것에 대해 부담 없어 했다. 직원들의 일 처리가 늦을 때, 보고서에서 오자를 찾아냈을 때, 회의 시간에 발표를 제대로 못 했을 때, 원하는 결과가 나오지 않을 때, 경쟁 프레젠테이션에서 경쟁사에 밀렸을 때 상사들은 거리낌 없이 인상을 찌푸리며 화를 내는 것으로 나타났다. 왜냐하면, 동서양을 막론하고 분노와 화는 힘과 권위의 상징으로 여겨지기 때문이다. 안타깝게도 직장 내에서 가장 표현하지 않는 감정으로는 '즐거움'이 꼽혔다. 직장인들은 은연중에 즐거움을 드러내는 것은 전문가답지 못하다는 생각을 하고 있었다. 조사대상의 19%만이 회사에서 즐거울 때 즐거움을 표현한다고 답했다.

지금 바로 당신 상사의 얼굴을 떠올려보자. 상사가 화통하게 웃거나 나를 향해 친절하게 웃어주는 모습을 본 적이 있는가? 봤다면 얼마나 자주 웃는 모습을 보이고 있는가? 실제로 우리는 직장생활을 하면서, 웃고 있는 상사보다는 찡그리거나 화를 내고 있는 상사의 얼굴을 더 자주 본다. 그래서 화를 내는 상사의 모습은 대개 익숙하다. 그런데 아무리 자주 봐도, 화내고 있는 상사의 모습이 익숙해도, 그런 상사를 대할 때마다 매번 마음이 불안해지고 움츠러든다.

사실 상사의 이런 화는 개인 차원의 감정에서 끝나지 않는다. 상사의 감정은 마치 폭포수처럼 주변에 전염되기 때문이다. 이를 감정의 폭포현상Emotional cascade이라고 한다. 폭포가 위에서 아래로 쏟아져 내리는 것처럼, 상사의 감정은 긍정적이든 부정적이든 팀과 부하 직원들에게 그대로 내려온다. 특히 상사의 화는 강렬하고 에너지가 높아서 쉽게 전파된다. 그래서 화를 잘 내는 상사 밑에 있는 직원들은, 상사의 인상이 조금만 굳어지거나 짜증스럽게 변해도 마음이 조마조마해진다.

이처럼 상사가 불같이 화를 내는 상황에서 어떻게 감정적으로 대응하고 소통해야 현명한 걸까? 현명하게 대응하기 위해 우리가 가장 먼저 알아봐야 할 점은, 현재 상사의 몸에서 일어나고 있는 변화다.

"신체탐구시간도 아닌데, 왜 몸을 이야기해요? 감정에 대해서 알아본다면서요!"

왜 그래야 하는지 궁금한가? 사람의 감정은 몸과 하나로 직결되어 있다. 몸 따로 감정 따로 노는 것이 아니라, 하나로 묶였다는 의미다. 우선 화를 내고 있는 상사의 몸 상태가 어떤지 알아야 그 후에 어떻게 대응하면 좋을지, 왜 그렇게 하는 것이 효과적인 감정대응인지 이해하기 쉽다.

화가 난 사람은 일단 몸의 온도부터 올라간다. 체온이 올라가면서 열이 후끈 난다. 우리가 화가 날 때 "열불이 치민다", "속에서 불이 나는 것 같다"라고 말하는 이유도 이 때문이다. 이마에 땀이 맺히거나 손에 땀이 찬다. 심장박동수도 늘어난다. 화가 날 때 심장이 쿵쿵대며 빨라지는 것을 스스로 느낄 수 있다. 그리고 무엇보다 깊은숨을 쉬기가 어려워진다. 화난 사람은 대개 씩씩대며 얕은 호흡을 한다.

대략의 신체변화들을 모아보면, 한마디로 화난 호랑이 같은 느낌이다. 일을 제때 제대로 처리하지 못한 직원을 바라보는 상사의 눈빛이 공격적이다. 눈썹은 가운데로 모이고 전체적으로 얼굴이 경직되어 보인다. 부하 직원 입장에서 이런 상사를 보고 있기란 힘든 일이다. 물론 상사의 성격에 따라 화를 내는 정도가 다르기는 하다. 어떤 사람은 화가 나도 자신의 감정을 별로 드러내지 않는다. 말수가 줄어들면서 입을 꼭 다물고 시선을 피하기도 한다. 하지만 우리가 흔히 만나는 대부분의 직장 상사들은 부하 직원들에게 어느 정도 화를 표현할 수 있다고 생각하는 시대에 태어나서 자랐다. 화를 내는 방법과 조직의 분위기에 따라 정도가 조금씩 다르지만 말이다. 앞서 설명했던 모습들은 성격이 온순한지 아닌지를 떠나서 화가 났을 때 상사의 몸에서 일어나는 일반적 변화라고 보면 된다. 지금 화가 난 상사는 "당신이 잘못해서 이런 일이 발생했잖아!"라는 메시지를 언어와 온몸을 통해 전달하고 있다.

그렇다면 이렇게 화가 난 상사 앞에서 어떻게 반응하고 대응하는 것이 좋을까? 일단 상대가 화가 났을 때는 감정을 가라앉히도록 해야 한다. 상대가 감정적으로 흥분한 상태에서는 어떤 논리도 통하지 않는다.

그렇다면 상사가 화를 낼 때 움츠러들지 않으려고 노력하면서 당당한 모습을 유지하며 서 있어야 할까? 이건 내 잘못이 아니라는 걸 분명하게 드러내는 행동과 태도를 취해야 할까? 결론부터 얘기하면, 둘 다 그다지 좋은 대응방법은 아니다. 당신도 부하 직원을 지도한 적이 있다면 알 것이다. 일이 잘못돼서 지금 내가 화가 나 있는데, 그 앞에서 직원이 당당한 표정과 자세로 서 있으면 어떤 느낌이 들까? '뭐야! 지금 본인은 잘못한 게 없다는 거야?'라는 생각에 괘씸해지기 시작할 것이다.

"저는 언제 어디서든 당당한 태도를 취하고 싶어요"라고 말하는 사람들이 있다. 당당한 태도는 스스로에게 자신감을 심어주니 좋은 습관이다. 하지만 문제는 "언제 어디서든"이다. 상황에 맞게 유연하게 상대방의 감정에 대응하고 반응하는 것이 진짜 감정의 고수다. 상대방이 어떤 감정을 드러내든, 항상 당당한 시선과 태도를 보이는 건 현실적으로 직장에서 위험하다.

화난 상사 앞에서 당신은 주로 어떤 자세를 취해왔는가? 상사에게 지적을 받을 때 지금까지 당신이 취했던 자세나 태도를 떠올려보자. 이런 상황에서는 누구나 대개 긴장한다. 자신도 모르게 어깨가 움츠러들고 목소리가 잦아든다. 시선이 상사의 얼굴을 똑바로 바라보지 못하고 아래쪽을 향한다. 이건 긴장하고 불안해할 때 나타나는 일반적인 신체적 변화다. 이런 감정을 느낀다면, 굳이 이를 감추고 당당한 자세를 보이려고 애쓸 필요가 없다. 오히려 느끼는 감정과는 다른 자세를 억지로 취하면 어색하게 보인다. 속마음에서 느끼는 감정과 몸의 표현이 서로 어긋나기 때문에 본인도 힘들고 보는 상대방도 불편해진다.

그렇다면 어떤 말과 태도를 취해야 상사의 화를 누그러뜨릴 수 있을까? 일단 "죄송합니다!"라는 말이 가장 먼저 나와야 한다. 야단맞는 입장에서는 누구나 억울하다.

"상무님이 이 방향으로 추진해보라고 해놓고, 이제 와서 잘못을 다 저한테 뒤집어씌우는 건 부당하지 않습니까!"

당신은 이렇게 말해보고 싶을 것이다.

"진즉 제대로 피드백을 주셨으면 제가 계속 이 방향으로 진행하지는 않았을 텐데요. 강 건너 불구경하고 있다가 지금에 와서 결과가 안 좋다고 난리를 치는 상무님이 이해가 안 됩니다!"

상무 면전에서 이렇게 소리 지르고 싶겠지만 이건 우리의 머릿속에서 상상만으로 가능한 상황이다. 대부분은 이런 욕구들을 꾹꾹 누르며 입을 다물고 서 있다. 당신이 이 상황에서 현명하게 대응하려면, 일단 "심려 끼쳐 드려 죄송합니다, 상무님"이라는 말부터 해야 한다. 잘잘못을 떠나서, 상사에게 우선 "죄송하다"라는 말을 가장 먼저 해야 한다는 의미다. 불만고객들을 상대해야 하는 콜센터 직원들의 경우, 화가 난 사람들을 매 순간 접한다. 배송이 제때 안 되었거나 불량품이 배달되었거나 원하는 색이 아니라 다른 색이 배달된 경우, 고객들은 전화를 걸어 콜센터 직원들에게 화를 낸다. 이때, 직원들이 가장 먼저 해야 할 말은 무엇일까? "고객님, 배달이 밀려서 도착이 늦어질 수 있다는 점을 미리 알려드렸잖아요"가 아니다. "주문내역을 확인해보니, 처음부터 보라색을 주문하셨던데요! 착각하셨나봐요!"도 아니다. 무조건 첫마디는 "번거롭게 해드려 죄송합니다"이다. 미안하다, 죄송하다는 말을 들으면 감정적 뇌의 자극이 줄어들면서 흥분되어 있던 사람의 감정에 여유가 생긴다. 고객은 콜센터에 전화를 걸 때, 혹시 회사 측의 잘못이 아니라고 강경하게 나올까봐 조바심을 낸다. 잘못이 누구에게 있건 콜센터에 전화를 걸 때 고객은 긴장하면서 전투태세를 갖춘다. 그런데 콜센터 직원의 "죄송합니다"라는 말을 듣는 순간, 공격적인 마음이 누그러지기 시작한다. 흥분된 마음이 가라앉으면서 그때부터 논리적인 대화가 가능해진다. 만약 콜센터 직원이 한참 동안 고객의 불만을 들은 후에, 전화를 끊을 때쯤에야 "죄송합니다"라고 말한다면 고객이 어떤 느낌을 받을까? '내 말을 다 들어보더니, 막판이 되어서야 죄송한 마음이 생겼다는 거야?'라며 오히려 분통을 터뜨릴 수 있다.

 상사도 고객과 다를 바 없다. 부하 직원으로서 "죄송하다"라고 말한 후, 죄송한 감정에 적합한 자세를 취하는 것이 현명하다. 고개를 살짝 떨구고 긴장된 모습으로 서 있자. 상무는 자기 분에 못 이겨 화를 내다가 서서히 감정을 추스르기 시작할 것이다. 수세에 몰릴 땐 그에 맞는 태도를 보이는 것이 현명하고 유연한 감정전략이다.

그들도 **외롭다**, 그래서 **당신이 필요**하다

리더는 외롭다. 회사에서 어깨에 은근히 힘을 주고 다니고 회의 때 직원들을 쥐락펴락해도, 직장 내에서 리더는 외로운 존재다. 얼마 전 모 기업 팀장들을 대상으로 리더십 워크숍을 가진 적이 있다. "직장생활하면서 부하 직원들에게 서운했던 순간"에 대해 함께 이야기를 나누는 시간이었다. 그런데 많은 팀장들이 입을 모았던 '서운했던 순간'이 있었다. 바로 "내가 점심 약속 없는 것 알면서 자기들끼리 밥 먹으러 우르르 나가버렸을 때"였다. 업무와 관련해서는 어느 정도 내 맘대로 팀을 움직일 수 있지만, 그 외의 부분에서는 팀장도 조직 내 구성원들 중 하나다. 특히 회사 내 직급이나 권한과는 큰 상관없이 움직이게 되는 점심 식사 자리나 자유로운 모임 등이 그렇다.

모든 팀원들에게 팀장은 부담스럽다. 팀장의 성격이 좋든 안 좋든 상관없이, 식사 때는 되도록 멀리 앉고만 싶은 존재다. 그래서 자칫 앉아 있는 시간이 길어질 수 있는 회식자리에서는, 가능하면 상사와 멀리 떨어져 앉으려 발버둥 친다. 회식에서 가장 저주받은 자리들이 팀장 바로 앞자리와 옆자리다. 이 자리에 앉게 되면, 팀장의 과거 화려했던 업무 경험담과 인생 전반에 대한 설교를 반복해서 들어야 한다. 안주도 챙겨 줘야 하고, 술잔이 빌 때마다 잔을 채워줘야 한다. 팀장의 기분을 맞춰 주는 데에 온갖 신경을 써야 한다. 즐거워야 할 회식이 중노동이 된다. 그래서 직원들은 한사코 팀장 옆자리와 앞자리를 기피한다. 이 자리는 대충 비워뒀다가 늦게 온 사람들에게 앉도록 등을 떠민다.

얼마 전 우리나라 대기업 임원을 대상으로 코칭을 진행하던 중, 회식자리에 초대되어 참석한 적이 있다. 임원과 함께 회식장소에 도착해보니, 임원이 앉을 가운데 자리 주위에는 마치 보이지 않는 벽이라도 세워진 것처럼 자리들이 비어 있었다. 반면, 임원에게서 멀리 떨어진 자리와 임원의 시선이 닿지 않는 구석 자리에 직원들이 다들 자리를 차지하고 있었다. 순간 쓸쓸해하는 임원의 기분을 나는 분명히 느꼈다. 자리에 앉으면서 임원이 "왜 내 자리 주변에는 안 와? 내가 그렇게 부담스러워?"라고 직원들에게 대놓고 이야기하지는 않았다. 짚고 넘어가기에는 미묘하고 민망한 문제이기 때문이다. 하지만 서운한 건 서운한 거다. 임원이면 뭐하나. 다들 모여서 왁자지껄 떠드는데, 나만 묵묵히 젓가락질하는 것처럼 속상한 것도 없다. 그리고 이렇게 외로울 때 누군가 나를 챙겨주면 참 고맙다. 당신도 좀 더 나이가 들면 알 것이다. 혹은 직급이 더 높아지면 깨닫게 될 것이다. 특히나 상사의 성격이 다소 예민하거나 내성적인 경우라면, 이럴 때 더더욱 상처를 받기 쉽다.

눈치껏 상사를 챙기자. 회식자리 처음부터 끝까지 상사 옆에 붙어 있으라는 것이 아니다. 처음 회식을 시작할 때 옆이나 앞에 앉아 술잔을 채워주고 상사의 면을 세워드리라는 것이다. 상사도 사람이다. 적적할 때 옆에서 살갑게 챙기는 당신에게 고마움을 느낀다. 당신이 업무를 잘하든 못하든 간에 당신이 일단 예뻐 보인다. "눈에 콩깍지가 씐다"가 괜히 있는 말이 아니다.

누가 뭐래도 상사는 당신에게 중요한 사람이다. 요즘 조직을 들여다보면 상사 눈치 안 보고 행동하는 직원들이 많다. 나이가 어리고 개성이 강한 신입직원이나 대리급 직원들에서 이런 성향이 더 확실히 나타난다. 하지만 모든 걸 떠나서, 직장생활 성공의 핵심을 상사가 쥐고 있는 건 틀림없는 사실이다. 당신이 연봉을 협상해야 하는 상대는 다름 아닌 당신의 상사다. 당신의 성과에 대해 인사고과를 매기고 승진 여부를 우선으로 결정하는 사람도 바로 당신의 직속 상사다. 그래서 상사는 중요하다.

그럼 은근히 본인을 챙겨주기 바라는 상사의 감정에 어떻게 대응해야 할까? 우선 식사 등의 자리에서 상사의 주변에 자발적으로 앉는다.

서로 눈치 보면서 "아, 뭐해. 팀장님 주변으로 다들 오지 않고"라고 서로 미루는 분위기 속에서, 당신이 자진해서 상사 근처로 자리를 잡는다. 그러고는 웃으며 말하자.

"팀장님, 평소에는 바쁘셔서 말씀 많이 못 들었는데, 오늘 팀장님의 좋은 말씀 많이 들어야겠네요."

자신의 이야기를 듣고 싶다는 사람이 미워 보였다는 사람은 단 한 번도 본 적이 없다. 상사는 직급이 높으니까 직원들 사이에서 어색할 때가 없을 거라고 착각한다. 하지만 상사도 어색함을 느낄 때가 많다. 직원들 사이에서 뻘쭘함을 느끼고 있을 때 당신이 다가가면, 고마울 수밖에 없다. 업무를 잘해서 상사의 마음을 얻는 방법도 있지만, 상사의 감정을 배려하여 감정적으로 가까워질 수 있다. 물론, 매번 모든 회식에서 이럴 필요는 없다. 하지만 상사의 외로움과 소외감을 눈여겨보고 마음을 챙기는 일은 중요하다. 이건 당신이 일을 못해서 인간관계로 밀어붙이는 게 아니라, 상사에 대한 인간적인 예의이며 세상을 살아가는 지혜이기 때문이다.

애환은
부메랑이 되어
돌아온다

　　세상에서 가장 용서하기 힘든 경우 중의 하나가, 내가 쌓은 공을 누군가가 가로채는 일일 것이다. 이런 일을 당해본 직장인들이라면 그 느낌을 안다.

　토요일 오전 8시, 강민기 대리는 눈을 멀뚱멀뚱 뜬 채 침대에 누워 있다. 다른 때 같았으면 코가 비뚤어지게 잠자고 있을 시간인데 말이다. 바로 어제, 강 대리는 발표자료를 정리하여 결재를 맡으러 부장에게 갔다. PL(Project Leader)을 맡고 있는 강 대리는 다음 주 월요일, 본부 워크숍에서 프레젠테이션을 하기로 예정되어 있다. 강 대리는 지난 주말부터 외식하자는 아내를 뿌리치고, 운동장에서 공차기하며 놀아달라는 아들마저 외면하고 발표자료에 매진했다. 노트북 하나 들고 커피숍에서 온

종일 자료 모으고 차례 만들고 슬라이드 한 장 한 장에 심혈을 기울였다. 완성된 자료를 보니, 자신이 만들어놓고도 웃음이 절로 나올 만큼 괜찮았다. 강 대리는 자료를 훑어보는 부장 앞에서 눈치를 살폈다. 자료가 한장 한장 넘어갈 때마다, 침을 꿀꺽 삼켰다.

"어떠세요, 부장님. 이대로 발표해도 괜찮을까요?"

심각한 표정으로 자료를 보던 부장이 고개를 들었다.

"음, 괜찮네. 그리고 말이야…."

"예, 부장님. 말씀하시면 수정하겠습니다."

부장은 잠시 뜸을 들이다가 심각한 얼굴로 말을 이었다.

"아니, 그게 아니고 발표자료 잘 만들었네. 그런데 생각해보니 발표는 아무래도 내가 하는 게 좋겠다는 생각이 들어."

"예? 아…."

강 대리는 갑작스러운 부장의 말에 말문이 막혔다.

"본부장님도 들어오시는 자리니, 내가 발표하는 게 낫지 않을까? 이번 프로젝트는 강 대리가 맡아서 진행한다는 걸 다들 알고 있잖아. 본부장님도 강 대리가 수고하는 거 다 아시니 내가 발표해도 강 대리가 서운할 건 없을 것 같은데."

"…."

강 대리는 아무 말도 못하고 굳은 표정으로 서 있었다. 강 대리의 눈치를 슬쩍 살피던 부장이 한마디 덧붙였다.

"강 대리가 발표하고 싶으면 그렇게 해. 내가 하는 게 낫지 않을까 싶어서 한 소리니까 신경 쓰지 말라고. 그냥 강 대리가 하지."

강 대리는 어색하게 웃음을 지으며 말했다.

"아, 아닙니다. 제 생각에도 부장님께서 하시는 게 더 좋을 듯합니다. 그러잖아도 말씀드리려 했어요."

"어, 강 대리 생각도 그랬어? 아하하하, 그럼 그렇게 하자고."

부장의 웃음소리가 사무실에 울려 퍼졌다.

침대에 누워 있던 강 대리는 자신도 모르게 주먹을 불끈 쥐고는 몸을 벌떡 일으켰다.

'내가 발표하기로 했었잖아! 실컷 발표자료 만들어놨더니, 왜 이틀 전에 발표자를 바꾸냐고? 사람이 어떻게 그렇게 뻔뻔해!'

강 대리는 부장 얼굴을 떠올리며 입술을 깨물었다. 이런 감정으로는 당분간 부장 얼굴을 대하기가 힘들겠다는 생각이 들었다.

워크숍 당일, 부장은 본부장 앞에서 별 무리 없이 발표를 끝냈다. 부장의 발표 내내 강 대리는 굳은 표정으로 바닥만 내려다보고 있었다. 다음 날, 부장은 강 대리에게 넌지시 다가왔다.

"강 대리, 점심때 약속 있어? 나랑 같이 식사하지."

"예, 부장님."

강 대리는 부장을 따라나섰다. 부장은 근처 참치 집으로 강 대리를 데리고 갔다.

"강 대리, 맛있는 걸로 시키라고."

음식을 주문하고, 둘 사이에 어색한 침묵이 흘렀다. 다른 때 같았으면, 어제 워크숍 때 있었던 일이나 분위기 등에 대해 이런저런 이야기를 했을 부장이건만, 오늘은 왠지 조용하다. 부장의 얼굴을 슬쩍 보니, 자기가 먼저 밥 먹자고 데려와 놓고는 어딘지 불편해 보인다.

"요즘 업무가 많아 힘들지? 프로젝트 하다 보면 신경 쓸 일이 한두 가지가 아닐 거야…."

부장은 평소와는 다른 조심스러운 말투로 강 대리를 위로했다. 강 대리는 의아해졌다.

'뭐야? 부장님의 이런 분위기는 뭐지? 혹시 지금 나한테 미안해하는 건가?'

차장, 부장 등 중간관리자는 조직 내 위치상 힘든 자리다. 사장은 걸핏하면 관리 책임을 묻고, 부하 직원들은 중간관리자가 결재판에 편하게 사인만 한다고 입이 부어 있다. 중간관리자는 이래저래 눈치 보느라 맘이 불편하다. 일반적인 상식을 가진 사람으로서, 부하 직원이 애써서 만든 자료를 자기가 가로채 발표하는 것이 즐거운 사람은 별로 없다. 물론, 직장생활 하다 보면 이런 행동을 서슴지 않고 하는 상사들이 있긴 하다. 코칭을 할 때, "비도덕적이고 몰염치한 사람들이 오히려 조직에서 승승장구하더라"며 분통을 터뜨리는 직원들도 여럿 봤다. 하지만 앞서도 말했지만 일반적인 윤리관을 가진 사람이라면, 이런 상황에서는

미안함을 느낀다. 미안하면 안 하면 될 텐데, 왜 굳이 자기가 부하 직원의 자료를 가로채서 발표하느냐고 당신은 반문할 수도 있다.

그런데 직장생활을 하다 보면, 팀을 대표하는 팀장이나 리더가 발표하는 것이 더 낫다고 판단되는 경우가 분명 있다. 아무리 부하 직원들의 발표 스킬이 뛰어나도 그 조직을 대표할 수 있는 사람이 발표하는 것이 다른 조직이나 팀에서 볼 때 자연스러워 보이는 경우 말이다. 본부장이 참석하는 자리라면, 강 대리보다는 부장이 발표하는 것이 실제로 더 나을 수 있다. 그리고 그 판단은 결국 부장이 내려야 한다. 물론 부장이 개인적으로 자신을 드러내고 싶어서 발표를 자처할 수도 있다. 그렇지만 여기에도 피치 못할 조직의 애환이 숨어 있다. 부장은 어느 날 갑자기 부장의 직급에 앉은 것이 아니다. 신입사원으로 입사하여 대리를 거치고 과장에서 부장으로 승진했다. 그 과정에서 밤을 새우고 작성한 보고서를 대리에게 올렸고, 본인이 아니라 대리가 팀장에게 칭찬을 받았던 경험이 있다. 대리 때는 외국 바이어와의 협상 때 계약서를 꼼꼼히 검토하여, 자칫 회사에 불이익이 될 수도 있는 조항들을 찾아냈고 이 사실을 직속 상사인 과장에게 보고했다. 그리고 과장은 이 공로를 인정받아 얼마 후 차장으로 승진한 적도 있다.

"와… 정말 불공평한 세상이네요. 재주는 곰이 부리고 돈은 주인이 번다더니!"

이렇게 이야기하고 싶은가? 그런데 꼭 그렇게만 생각할 문제는 아니다. 이슈를 바꿔서 생각해보자. 좋은 성과를 내고 잘나갈 때는 상관없다. 그러나 조직에서 문제가 생기면 상황은 달라진다. 신입직원이 잘못하면 누가 가장 먼저 혼이 나는가? 바로 대리다. 대리가 실수하면 누가 책임을 지는가? 과장이나 팀장이 책임을 진다. 징계를 받든 칭찬을 받든, 회사에서 어떤 일이 생기면 부하 직원들을 관리하는 리더가 일차적으로 주목받게 되어 있다. 이게 조직의 생리다.

부장은 지금 강 대리를 보면서 미안해하고 있다. 개인적 욕심으로 자신이 발표했든 팀의 입장을 감안하여 발표했든 간에, 부장은 지금 마음이 편치 않다. 평소와는 달리, 부하 직원인 강 대리의 눈치를 슬며시 보고 있다. 강 대리의 눈을 똑바로 바라보지 못한다. 시선이 마주치지만 어딘지 어색하다. 부장의 목소리가 평소보다 작다. "내가 강 대리 발표를 대신해서 미안하네"라고 직접 말하지는 않지만, 강 대리의 기분이 어떤지 이리저리 찔러본다. 굳이 불러내 밥을 사고 커피를 산다. 당신의 상사가 이런 행동들을 보인다면, 그건 당신에게 미안함을 느끼고 있다는 감정의 신호다.

이럴 때 당신은 상사의 감정에 어떻게 대응해야 할까? 당신은 솔직히 어떻게 행동하고 싶은가? 계속 미안해하도록 내버려두고 싶은가? 그런데 아쉽게도 사람의 감정은 수시로 변한다. 미안함을 느끼다가도 그것이 일정 시간 지속되면, 상사의 감정도 바뀌기 시작한다.

'거, 생각해보니 좀 그러네! 발표자료를 자기가 만들었어도 내가 발

표할 수 있는 거지. 그게 뭐 대수라고 아직까지 입이 부어 있어!'

상사는 어느 순간 당신을 괘씸하게 생각할 수 있다. 상사가 미안해하면, 그 미안함을 받아주자. 발표 건에 대해 마음 쓰지 말라고, 미안해하지 마시라고 정곡을 찔러 말하는 건 너무 직접적이다. 그보다는 "부장님께서 항상 저를 배려해주시는 것 압니다. 부장님 도움 많이 받고 있는 걸요." 정도로 말하면 된다. 미안해하는 상대방에겐, 그 사람이 당신에게 지금까지 여러 가지 고마운 일들을 해줬다는 걸 상기시키고 안심시키자. 감정은 부메랑 같아서, 상대방에게 준 감정 그대로 당신에게 돌아온다. 당신이 베푼 너그러움은 언젠가 되받을 날이 온다. 1년 후든, 10년 후든.

민감한 사람들과 별 탈 없이 지내는 법

얼마 전, 모 회사 본부장실에 들어갔을 때의 일이다. 마침 직원 한 명이 본부장에게 보고서를 올리고 있었다. 대화를 나누던 두 사람은 문을 열고 갑자기 들어간 나를 돌아보고는 다시 대화에 몰입했다. 코칭을 처음 시작할 때는, 내가 들어가면 그 방에 있던 임원도 직원도 어색해한다. 마치 누군가가 자신들을 지켜보는 듯한 느낌이 든다며 평소 말투나 행동대로 하지 않는다. 임원의 말투는 갑자기 평소와는 달리 부드러워지고, 직원은 자꾸 나를 부담스럽다는 듯 쳐다본다. 그런데 일정 시간이 지나면 워낙 자주 드나들고 회의에 참석하다 보니, 담당 본부나 부서 전체가 나에 대해 그러려니 하며 편안하게 받아들인다. 서로에게 익숙해지면 밀착코칭도 가능하다.

본부장과 직원의 대화가 끝나고 직원이 방을 나가자, 본부장은 "휴~" 한숨을 쉬며 내가 앉아 있는 테이블로 자리를 옮겼다. "신경 쓰실 일 있으셨어요?"라고 묻자, "직원들 일 처리가 내 맘 같지 않아요. 시키면 시키는 일만이라도 잘했으면 좋겠는데, 성에 안 차요"라고 했다. 초등학생도 아니고, 지시한 사항을 제대로 처리 못 하는 직원들에 대해 짜증도 나고 답답하다고 했다. 그리고 이런 불만은 내가 만나본 대부분의 임원들이 느끼고 있었다.

그런데 반대로 직원과 이야기를 나눠보면, 역시 상사의 태도나 행동이 이해가 가질 않는다고 말한다.

"본부장님은 요구하는 게 너무 많아요. 그냥 넘어가도 될 일을 토씨와 단어 띄어쓰기 하나하나까지 지적하며 혼을 내요. 본부장님 수준에 맞춰서 다시 수정하다 보면, 하루가 다 가요. 대체 다른 일은 하지 말라는 건지…."

본부장은 본부장대로, 직원은 직원대로 각자 한숨이 넘쳐난다. 사실, 한쪽 탓만 할 수는 없다. 본부장의 입장에서는 꼼꼼하게 보고서를 작성 못 하는 직원이 영 못 미더울 수 있다. 보고서를 올리면 자신만 보고 끝나는 경우보다는 윗선에 올려야 할 때가 많은데, 오자와 띄어쓰기 실수가 있는 보고서를 어찌 올린단 말인가. 그러니 지적할 수밖에 없다. 한편, 직원 입장에서는, 쪼잔하게 단어 선정부터 조사까지 바꿔가며 다시 해오라고 지적하는 상사가 답답하다. 당장 발등에 떨어진 일들은 많고, 본부장은 계속 보고서를 퇴짜 놓으니, 대체 일을 하라는 건지 말라는 건지 당황스럽다. 마음고생이 심할 때는, 혹시 내가 마음에 안 들어서 본부장이 고의적으로 애를 먹이는 건 아닐까 의심스러운 마음마저 든다.

하지만 어쩌겠는가. 직원이 상사의 요구에 최대한 맞춰주어야 하는 것이 조직생활이니 말이다. 만약 당신이 보고서의 레이아웃, 단어 선정, 접두어, 글자 크기 등에 민감한 상사를 모시고 있다면, 아래의 두 가지 감정대응전략을 적용해볼 수 있다.

우선, 보고서를 작성할 때 가능하면 차분한 분위기 속에서 스스로 몰입할 수 있도록 한다. 대부분 많은 사람들이 감정과 업무는 서로 무관하다고 생각한다. 절대 그렇지 않다. 오히려 감정과 업무수행능력은 매우 밀접한 관계가 있다. 예를 들어, 아침에 출근하기 위해 눈을 떴을 때 기분이 매우 좋다면, 그런 긍정적인 감정 상태에서 더 능률을 높이면서 잘 할 수 있는 업무가 있다. 고객 만나서 영업하기, 부하 직원 칭찬하기, 창의적인 아이디어 내기 등이 그것이다. 기분이 좋을 때는 시야 자체가 매우 넓어져 있고 바라보는 안목도 장기적인 시각으로 바뀌어 있다. 그래야 본부나 조직의 미션, 비전, 전략 수립 등을 효과적으로 수행할 수 있게 된다. 감정 상태에 따라 생각과 태도, 대상을 바라보는 안목이 달라진다는 것을 명심하자.

반대로, 아침에 침대에서 눈을 떴는데 기분이 살짝 가라앉아 있다면, 이런 차분해진 감정 상태에서 어떤 업무를 하면 능률을 높일 수 있을까? 이럴 때는 우리의 생각과 안목이 매우 좁아진다. 숲 전체의 그림을 보기보다는 나무 하나하나에 생각의 초점을 맞추게 된다. 이런 상태에서는 이번 분기 실적에 대한 평가, 돈 계산, 파일 철 분류하기, 서고 정리 등을 하는 것이 더 효율적이다.

그렇다면, 앞서 보고서에 오자가 있는지 또는 계산이 잘못되어 있는지 등을 효과적으로 검토하기 위해서는 긍정적인 분위기에서 하는 것이 더 좋을까, 아니면 차분해진 분위기에서 하는 것이 더 나을까? 그렇다. 차분한 상태에서 해야 실수가 없다. 이때, 차분한 분위기가 보고서 검토에 좋다고 해서 억지로 좋은 기분을 끌어내릴 필요까지는 없다. 다만, 보고서를 검토하기 전 잠시 눈을 감고 숨을 고르자. 몸과 감정은 하나라서, 몸이 안정되면 감정도 차분해진다. 눈을 감고 조용하게 심호흡을 10번 정도 한다. 천천히 들이쉬고 내쉬기를 반복한다. 그리고 천천히 눈을 뜬 후, 보고서 첫 페이지부터 꼼꼼하게 살펴보기 시작한다. 본부장이 기다리고 있다고 해서 너무 서두르지는 말자. 중요한 건, 빨리 가져가 보고하는 것이 아니다. 5분 빨리 가져가는 것보다는 실수를 줄이는 것이 더 낫다. 그리고 할 수만 있다면, 본부장에게 최종보고서를 올리기 전에 주변 동료들에게 한번 훑어봐 달라고 부탁하는 것도 좋은 방법 중 하나다.

두 번째 감정대응전략으로, 기회가 닿을 때 상사의 오해를 풀어줘야 한다. 많은 상사들은 보고서에서 잘못된 부분들을 발견할 때마다 정성이 부족했다고 생각한다. 대충대충 써서 가져오기 때문에 실수가 많은 것이라고 여긴다. 그런데 사실 직접 쓴 보고서는 자신의 눈에 잘 안 들어온다. 남이 대신 보면 단번에 발견할 수 있는 것도, 이상하게 본인 눈에만 안 띈다. 그래서 주변 사람들에게 실수가 없는지 다시 한 번 검토를 부탁하는 것도 좋은 방법이라고 앞서 말한 바 있다. 상사의 입장에서 직원의 정성이 부족하다고 생각하는 데는 이유가 있다. 무엇보다 상사의 기준이 높기 때문이다. 상사가 누구인가? 나보다 업무 경험이 많고, 근무 연수도 훨씬 많으므로 어떻게 하면 좀 더 나은 보고서가 만들어지는지를 잘 아는 사람이다. 그러니 직원이 작성한 보고서가 마음에 들 리가 없다.

그런데 상사는 이런 사실을 쉽게 잊어버린다. 자신보다 부하 직원이 경력상, 연령상 부족한 면들이 있을 수 있다는 사실을 자주 망각한다. 그래서 상사에게 말할 분위기가 어느 정도 된다면, 그러한 사실을 알려줄 필요가 있다. "제가 본부장님보다 못하는 게 당연하죠! 그걸 가지고 자꾸 뭐라 하시면 어떡해요?"라고 말하라는 게 아니다. 이건 방귀 뀐 놈이 성내는 꼴이다. 실수한 게 자랑은 아니다. "본부장님, 제가 경험과 실력이 부족하다 보니 그 점을 놓쳤습니다. 다음부터 같은 실수를 반복하지 않겠습니다"라고 말하는 것이 좋다. 그리고 정말 다음번엔 똑같은 실수를 하지 않도록, 메모를 써서 책상 앞에 붙여놓든, 휴대전화에 써서 가지고 다니든 노력을 해야 한다.

앞서 상사의 유형 분류에서 감각형-사고형인 경우, 부하 직원들의 부정확함에 대해 짜증을 많이 낸다. 당신의 상사가 꼼꼼하고 세심함, 철저함, 규칙을 중시하는 유형이라면, 좀 더 차분한 분위기에서 집중해서 보고서를 살펴보자. 교과서 같은 이야기지만, 집중하면 실수를 분명히 줄일 수 있다.

직언과
망언 사이

스파르타의 왕이었던 아게실라오스 2세는 용기에 대해 이렇게 설명했다.

정의의 뒷받침이 없는 용기는 무용지물이다. 만인이 의롭다면 용기는 필요하지 않을 것이다.

아게실라오스 2세는 정의를 위해 상대방이나 사물을 겁내지 않는 기개가 용기라고 보았다. 직장생활을 하다 보면, '저건 옳지 않은데' 싶을 때가 종종 있다. 안 되는 걸 뻔히 알면서도 일단 사장님께서 마음에 들어 하시는 사업 아이템이니 당장 일을 시작하라는 상사의 말에 우리는 갈등한다. "될 일을 해야죠. 이건 회사 차원에서도 낭비라고요, 팀장님"이라고 말하고 싶은 순간이 있다. 팀장급 회의에서 다른 부서들에 이리저리 치이다 쓸데없는 일만 짊어지고 돌아온 팀장이 "이게 우리 팀의 숙명인 걸 어쩌겠나. 자자~ 일이 없어 문제지, 일 많은 건 그만큼 인정받는다는 증거야. 파이팅하자고!"라고 말한다. 이럴 때면, "이건 우리 팀에서 할 일이 아니라고 왜 말씀을 못 하시고 일을 가져오세요. 팀장님, 이건 아니죠!"라는 말이 금방이라도 튀어나올 것만 같다.

아닌 걸 아니라고 직언하는 것, 모든 직장인들의 로망이다. 나는 못하는데 용기 있게 직언하는 동료가 옆에 있으면 그렇게 멋있어 보일 수 없다. 그런 동료에게는 주변에서 한마디씩 한다.

"역시 김 대리야."

"박력 있어요!"

다들 환호한다. 그런데 주변의 환호를 받은 본인은 일순 뿌듯하긴 하겠지만, 무조건 부러움 받을 만한 일은 아니다. 섣불리 직언하고 볼 일도 아니라는 것이다.

직언이라 함은, 옳고 그름에 대해 자신이 생각하는 바를 기탄없이 말한다는 의미가 있다. 그리고 여기에는 어쩔 수 없는 함정이 도사리고 있다. 첫 번째 함정은 '옳고 그름'을 정확히 판단할 수 있느냐다. 상사의 입장에서 보면 옳은데 부하 직원의 입장에서 보면 잘못된 것으로 느껴질 수 있다. 각자가 가진 가치관, 처한 상황, 직급별 관점 등에 따라 다른 해석이 가능하다. 그래서 내가 옳고 당신이 틀렸으니 직언해서 진실을 알려주겠다는 식은 위험하다. 게다가 연륜과 경험이 많은 상사의 의견보다 내 의견이 더 맞을 확률도 높지 않다. 두 번째 함정은 '기탄없이' 말한다는 데 있다. 어려움이나 거리낌 없이 말할 때 '기탄없다'고 표현한다. 그런데 상사의 생각이나 말에 반대의견을 제시할 때 어떻게 기탄없이 말할 수 있단 말인가. 상사의 눈치를 봐야 한다는 게 아니다. 기탄없이 말하다 보면 예의 없게 보일 수가 있다. 윗사람의 주장과는 다른 주장을 펼 때는 조심스럽고 좀 더 현명해져야 한다. "아닌 건 아닌 겁니다!"라는 식은 곤란하다. 말하는 본인은 스스로의 용기에 취해 뿌듯해질 수 있겠지만, 현명한 행동이 아니다. 특히 조직에서는 상사와 부하직원의 의견이나 입장이 부딪힐 때, 큰 문제가 없는 한 상사의 편을 들게 되어 있다. 이것이 조직의 룰이다. 상사가 회사 전체를 뒤흔들 만한 치명적인 실수를 한 것이 아닌 이상, 조직은 상사에게 대든 부하 직원을 용납하지 않는다. 회사가 제대로 돌아가기 위한 기본 규칙이기 때문이다.

 온종일 "Yes"만을 외치며 아예 반대의견을 표현하지 말자는 뜻은 아니다. 상사에게 충심으로 조언하고 싶다면, 신중하게 접근하면 된다. 사람은 누구나 자신의 의견과 반대되는 주장을 들었을 때 감정적으로 방어태세를 갖춘다. 아무리 상대방을 잘 포용하는 사람도, 무의식적으로 심리적 저항감이 생기는 건 어쩔 수 없다. 그러니 일단 상사의 이야기를

인정해주면서 대화를 시작해본다.

"이 아이템이 사장님께서 마음에 들어 하시는 거군요. 그래서 팀장님께서도 우리 팀이 해야 한다고 생각하시는 거죠?"

자신의 지시나 의견에 일단 수긍하는 부하 직원을 대하면, 어느 정도 마음의 여유가 생긴다. "그건 아니에요!"라고 반대부터 하는 건, 상사의 감정에 불을 지피는 것과 같다. 일단 상사의 말을 인정한 후, 본인의 의견을 조심스럽게 제시한다. "팀장님, 이번 건은 쉽지만은 않은 것 같습니다. 이러저러한 문제들이 있을 수 있어요"라고 말한다. 이때, 대부분의 사람들이 붙이는 특정 접속어를 뺐다는 걸 혹시 당신은 눈치챘는가? 사람들은 상대방과 다른 의견을 말할 때 대부분 '그런데, 그러나, 그럼에도 불구하고' 등의 접속어를 사용한다. 어법상으로는 맞을지 모르지만, 감정적으로 방어벽을 쌓게 만드는 단어들이다. 그러니 의식적으로 이런 말들은 빼고 말하는 게 좋다.

어떤 사람들은 이렇게 생각할 수도 있다.

'그렇게 밍밍하게 말하면, 상사가 알아듣나? 자기 뜻대로 하지.'

그렇다고 상사의 감정은 생각지 않고 기탄없이 직언을 날리면, 상사가 당신의 뜻을 이해하고 받아들일까? "그렇게까지 말하는 걸 보니, 자네 말대로 하는 것이 좋겠어"라며 당신의 뜻을 따라줄까? 그럴 확률은 거의 없다. 상사에 대한 예의를 차리지 않은 당신에 대한 분노, 괘씸함에 눈이 멀어 오히려 옳고 그름의 판단 능력을 한꺼번에 잃어버릴 수 있다.

남들이 "Yes"할 때 "No"를 외칠 수 있는 용기, 이건 아무 때나 나올 수 있는 것이 아니다. 상대방 바로 앞에서, 그것도 주변에 사람들이 있는 상태에서 즉각적으로 반대를 표명하는 건 위험하다. 기본적으로 감정에 대한 이해가 부족하다고밖에 볼 수 없다. 누군가의 의견에 제대로 조언하고 반대하려면 그에 걸맞은 신중함과 현명함, 배려 등의 감정이 깔려 있어야 함을 기억하자.

2

아무도 내 마음이
어떤지 묻지 않았다

질투의
밑바닥에는
두려움이 있다

　　질투는 남을 부러워하는 감정이다. 불교에서 정의하는 질투는, 몸과 마음을 괴롭히고 어지럽히는 정신작용으로 번뇌 중 하나에 속한다. 우리는 지금까지 살면서 "남을 부러워하지 마라", "네가 가진 것에 감사하라"는 말들을 끊임없이 들어왔다. 성인이 되어서 읽기 시작한 자기계발서들에서도 어김없이 등장하는 글귀다. 결국 남들이 가진 걸 부러워하다 보면, 지금 자신 앞의 행복을 느낄 수가 없으니 가진 것들을 헤아려보고 그것에 만족하라는 메시지들이다. 그러나 안타깝게도, 질투는 '느끼지 말자!'고 결심한다고 해서 안 생기는 것이 아니다. 질투는 결코 다루기 쉬운 감정이 아니다.

　　차영란 수석연구원은 회사 사무실에서 나를 처음 만났을 때 마음이 매우 심란한 상태였다. 일반적으로 기업코칭에서는, 피코치자의 업무성과를 높이는 데 1차적인 초점을 두고 피코치자의 업무환경, 행동습관, 대인관계, 실행능력, 리더십 등을 전반적으로 살피며 진행한다. 그런데 차영란 연구원은 업무성과나 목표 이야기를 하기도 전에 마치 참았던 숨을 몰아쉬듯 자신의 고민부터 쏟아냈다. 차영란 연구원의 첫마디는 "요즘 같아선 일할 맛 안 나요"였다. 무엇이 일할 맛을 없애느냐고 물었더니, 잠시 주저하던 영란 씨가 대답했다. 입사 동기로 친하게 지내온 동료가 계속 목에 걸린 가시처럼 마음에 걸린다는 것이었다.

　동료인 김정선 연구원은 처음부터 영란 씨와 함께 회사 공채로 들어와 동시에 직장생활을 시작하였다. 남성 직원의 수가 압도적으로 많은 데다 다소 보수적인 조직 분위기에 놓이다 보니, 영란 씨와 정선 씨는 자연스럽게 가까워졌다. 같은 팀에서 일하는 건 아니었지만, 일주일에 두세 번은 함께 점심을 먹었다. 각자 생일을 기억했다가 동기들을 불러 모아 생일파티를 열어주고, 야근이 계속될 때는 상대방을 위해 책상에 오렌지나 초콜릿 등을 두는 등 서로를 챙겨주는 존재였다. 직장 내 오피스 스파우즈 office spouse가 있는 것처럼, 둘의 사이는 마치 오피스 시스터 office sister처럼 보였다.

　둘 사이에 문제가 생기기 시작한 건 바로 얼마 전 영란 씨가 수석연구원으로 승진한 직후부터였다. 영란 씨가 참여했던 프로젝트의 결과가 매우 긍정적으로 나타나면서, 연구원 원장과 경영진들은 해당 팀에서 연구원 두 명을 뽑아 전격 승진시켰다. 그중의 한 명이 바로 영란 씨였다. 영란 씨는 월요일 아침 전체 조회 때 임명장 수여식이 있는데 조금 일찍 출근하면 좋겠다는 이야기를 주말 저녁에서야 전해 들었다. 인사 담당자는 승진 건이 갑작스럽게 결정되었다며, 하루 전날 알려줘서 미안하다고 말했다. 월요일 아침, 출근하는 영란 씨의 발걸음이 가벼웠다. 회사에서 일할 맛 난다는 것이 바로 이런 걸 두고 하는 말이구나 싶었다. 아직 이 사실을 모르고 있을 정선 씨에게는, 오후에 만나서 이야기를 나눠야겠다고 생각하며 따로 연락하지 않았다. 사실 그럴 정신도, 경황도 없었다.

다른 때와 별반 다르지 않은 일반적인 전체 조회가 끝나고, 원장이 갑자기 연단 앞으로 걸어 나왔다.

"오늘 특별히 좋은 소식이 있습니다. 지난 연말부터 주말근무며 야근을 마다하지 않고 열심히 일해준 A연구개발팀에서 좋은 성과가 나왔습니다. 그래서 주도적으로 이 일을 진행했던 두 명을 전격 승진시키기로 결정했어요. 차영란 연구원, 최진수 연구원 앞으로 나와주세요."

직원들 대부분이 모르고 있던 상황이라 다들 어리둥절한 가운데, 영란 씨와 최진수 연구원이 앞으로 걸어나갔다.

"축하합니다, 차영란 수석! 이젠 차 수석이라고 불러야겠네요. 어허허허."

영란 씨는 원장으로부터 임명장을 받고 악수를 한 후, 제자리로 돌아왔다. 왠지 쑥스럽기도 하고 가슴이 벅차올라 제자리로 걸어 들어오는 눈앞이 어른거리기만 했다. 그 와중에 자기 일처럼 놀라며 기뻐할 정선 씨를 슬쩍 바라보았다. 그런데 정선 씨의 얼굴이 어딘가 굳어 보였다.

'요즘 바쁘다더니, 주말에도 일했나 보네…'

영란 씨는 정선 씨의 창백한 안색에 안쓰러운 마음이 들었다.

드디어 조회가 끝나고 직원들이 각자의 사무실로 흩어지기 시작했다. 영란 씨는 일른 정선 씨에게 다가갔다.

"정선 씨!"

활짝 웃으며 정선 씨를 불렀다. 그런데 정선 씨가 영란 씨를 똑바로 보지 않은 채 눈빛을 살짝 비껴갔다. "어, 영란 씨! 축하해. 오늘 아침 회의가 있어서 바쁘네. 나중에 봐"라고 말하는 정선 씨의 태도에서 어딘지 어색한 감정이 새어 나왔다.

영란 씨는 자리로 돌아와 정선 씨에게 점심을 같이 먹자는 문자를 보냈다.

"당연하지! 우리 뭐 먹으러 갈까? 승진했으니 자기가 쏘는 거야!"

평소의 정선 씨라면 이런 답변을 보냈으리라. 그런데 돌아온 정선 씨의 답변은 단호했다.

"미안. 오늘은 어렵겠네."

영란 씨는 정선 씨로부터 미묘한 감정의 기류를 느꼈다.

'왜지? 정선 씨가 저러는 이유가 뭐지?'

그로부터 일주일이 넘도록 정선 씨는 영란 씨를 볼 때마다 뭔가 마뜩잖은 표정을 지었다. 결국 영란 씨는 정선 씨와 터놓고 이야기를 해봐야겠다고 결심했다.

"정선 씨, 잠깐 휴게실로 나올래? 할 말이 있어."

10분 정도 기다리자, 휴게실에 정선 씨가 나타났다. 정선 씨는 의자에 앉아 있는 영란 씨를 보고도 무표정한 표정으로 아무 말 없이 앞에 놓인 의자를 끌어당겨 앉았다. 여전히 영란 씨를 바라보지 않은 상태다.

"정선 씨, 혹시 나한테 화난 거 있어?"

막상 정선 씨 얼굴을 보자, 지난 일주일 동안 정선 씨 때문에 속상했던 마음이 울컥 튀어나왔다. 왜 정선 씨가 저런 태도를 보이는지 밤마다 이유를 생각해내느라 마음고생했던 순간들이 떠올랐다.

"내가 잘못한 게 있으면 있다고 말해줘. 갑자기 정선 씨가 왜 이러는지 이해가 되지 않아."

영란 씨가 감정에 북받쳐 말을 제대로 잇지 못하자, 정선 씨가 살짝 비웃듯 바라보며 말했다.

"내가 뭐? 왜 그래, 영란 씨? 내가 뭘 어쨌다고. 무슨 말을 하는지 잘 모르겠어. 지금 생리 중이야? 갑자기 불러다 놓고 사람 당황스럽게 만드네."

영란 씨는 정선 씨 마음을 상하게 했을 거라 생각한 이유들에 대해 나름대로 설명을 시작했다.

"정선 씨, 혹시 내가 승진 건 미리 말 안 해서 서운했어? 주말 저녁에 연락이 온 거라 경황이 없었어. 차차 이야기하면 될 거라고 생각했거든. 섭섭했다면 미안해."

그러자 정선 씨는 한쪽 입술 꼬리를 살짝 올리며 "헛" 하고 헛웃음을 지었다.

"영란 씨, 뭔가 착각하네. 승진 건을 미리 나한테 말해줄 의무가 영란 씨한테 없지. 난 그냥 좀 영란 씨랑 거리를 두고 싶어. 여기가 친목단체도 아니고 어릴 적 죽마고우도 아닌데, 바쁜데 불러내서 왜 이러는지 모르겠네. 참, 나."

차가운 정선 씨의 반응에 영란 씨는 갑자기 어떤 느낌이 왔다.

'잠깐! 혹시 지금 정선 씨가 나를 질투하는 건가?'

현재 상황에서 정선 씨가 느끼는 감정은 무엇일까? 지금 정선 씨는, 동기로 입사해서 일하다가 먼저 '수석'이란 단어를 직책 앞에 붙이고 승진한 영란 씨가 부러운 것이다. 회사에 같은 시기에 입사했는데 자신보다 한발 앞서 나가게 된 영란 씨를 보며, 정선 씨는 질투를 느끼고 있다. 그래서 영란 씨를 이전처럼 대하기가 어려운 것이다.

아리스토텔레스는 시기심envy과 질투jealousy를 구분해서 설명하였다. 아리스토텔레스에 따르면, 질투는 이웃이 가진 걸 자신이 갖지 못해 슬퍼하는 것이다. 이때 바라보는 관점은 자기 자신에게 있다. 상대방은 가지고 있지만 내게는 없기 때문에 그것이 못내 아쉽고 속상하다. 질투가 강한 사람들은 대개 어떻게 해서든 자기도 상대방의 수준을 따라가고 싶어 한다. 공부를 잘하거나 운동을 잘하는 아이들 중에 질투심이 강한 아이들이 많다. 한편, 시기심은 자기가 갖지 못한 걸 이웃이 가지고 있어서 슬픈 감정이다. 질투의 초점이 본인에게 있다면, 시기심의 초점은 타인에게 있다. 시기심은 언제나 밖을 향한다.

'왜 쟤가 칭찬을 받지? 아, 속상해.'

'저 사람은 일이 잘 풀리네! 아, 배 아파.'

사촌이 땅을 사서 그저 배가 아프면 시기하는 것이고, 자기도 사촌처럼 땅을 갖고 싶다고 느끼면 질투하는 것이다. 물론 굳이 시기와 질투를 나눠서 생각할 필요는 없다. 다만 정선 씨가 느끼는 감정이 질투라면, 이후 정선 씨는 열심히 업무에 몰두하여 조만간 본인도 승진하고 발전해나갈 가능성이 높다. 그러나 시기심에 그친다면, 정선 씨와 영란 씨의 사이는 이전에 친했던 깊이만큼 더 많이 멀어질 것이다.

나 역시 사회에 처음 발을 내디딜 때, 다소 권위적인 분위기의 직장에서 사회생활을 시작했다. 여성의 입사 자체가 이슈가 될 만큼 여성 직원들에게 익숙하지 않은 직장 분위기였다. 그때 내가 자주 들었던 말이 바로 "여성의 적은 여성"이라는 말이었다. 여성 동기들끼리 사소한 갈등이나 오해가 생길 때마다, 남자 선후배들은 삼삼오오 모여서 여자 동기들과 선후배를 이야깃거리로 삼곤 했다. 여성들은 서로 잘되는 꼴을 보지 못한다는 것이 핵심이었다. 그러나 나는 이 말에 동의하지 않는다.

같이 입사한 남자 동기가 먼저 승진했어도 정선 씨는 마음이 좋지 않았을 것이다.

이런 상황에서 영란 씨가 어떻게 행동하면 좋았을까? 질투와 시기가 조금 다른 감정이긴 하나, 발생한 원인은 그다지 다르지 않다. 그 근원에는 자신이 못나서 버림받을지 모른다는 두려움과 소외감이 있다. 영란 씨의 승진을 보면서 정선 씨는, 회사에서 더 이상 본인을 능력 있는 존재라고 생각하지 않을까봐 두려운 마음이 들었을 것이다. 또한, 핵심 인재의 반열에서 자신은 제외되었다는 소외감도 생겼을 터다.

영란 씨 입장에서 볼 때, 정선 씨의 이런 행동은 이해가 가지 않을 것이다. 화도 나고 다시는 상대하고 싶지 않을 수도 있다. 그러나 일단 첫 번째 액션은 영란 씨 쪽에서 먼저 취해야 한다. 원래, 가진 사람이 못 가진 사람을 너그럽게 대할 수가 있다. 또 상황적으로 여유가 있기 때문에 손을 내밀기가 더 수월하다.

이런 상태에서 영란 씨가 마음의 문을 같이 닫아버리면, 두 사람의 관계는 그걸로 끝이다. 오히려 이전에 친구였던 것이 해가 될 정도로 관계가 악화할 수 있다. 복도에서 마주쳐도 서로 인사를 하지 않고, 상대방이 없는 자리에서는 뒷담화를 하게 되는 그런 관계로 말이다. 게다가 친한 사이일 때 편하게 공유했던 내용들이 곡해되어 다른 직원들에게 전달될 우려도 있다. 세상을 살아가면서 적을 안 만들 수는 없지만, 가능하면 적의 수는 줄이는 게 좋다.

이후 영란 씨는 내 조언을 받아들여 정선 씨와 대화의 시간을 가졌다. 대화했던 시간은 약 30분 정도로 그리 길지 않았다. 영란 씨는 당시 상황에 대해 내게 들려주었다. 그날 영란 씨는 직접적인 화법으로 정선 씨에게 말을 시작했다.

"정선 씨, 나한테 지금까지 정선 씨가 어떤 존재였는지는 알죠? 정선 씨가 무슨 말을 하더라도 우리 사이는 지금 어색해요. 난 그 원인이 승진에 있다고 생각해요. 동기로서 내가 먼저 승진했으니, 입장을 바꿔놓고 생각해보면 나라도 마음이 불편할 거예요."

정선 씨는 차가운 표정으로 아무 말이 없었다.

"하지만 난 정선 씨보다 내가 낫다고 생각하진 않아요. 내가 참여한 프로젝트가 좋은 성과를 냈기 때문에 더불어 나도 승진한 거죠. 일정 부분 운도 작용했다고 봐요. 난 정선 씨와 예전처럼 지내고 싶어요. 그리고 정선 씨도 나와 같은 마음인지 알고 싶어요."

영란 씨는 자신의 진심을 최선을 다해 전달했다.

대화를 끝낸 후, 정선 씨와 영란 씨와의 관계가 극적으로 회복되지는 않았다. 아마도 예전의 관계로 돌아가기에는 정선 씨의 자존심이 허락지 않은 걸로 보인다. 하지만 솔직한 대화를 시도한 후에는, 적어도 복도나 화장실에서 마주쳤을 때 서로를 의도적으로 무시하거나 차가운 감정을 드러내지는 않았다. 영란 씨가 용기를 내어 솔직한 대화를 시도하고, 상대방의 마음을 감싸 안았기 때문이다.

누군가 질투의 감정을 보일 때는, 질투의 맨 밑바닥에 숨어 있는 상대의 두려움과 소외감, 애정에 대한 갈급함을 생각해줘야 한다. 가진 자는 너그러워야 한다. 먼저 손을 내미는 행동을 통해 상대방의 상처를 포용하고, 더불어 상대를 적으로 만들지 않는 게 좋다. 그러고 나면 무엇보다 자기 마음이 편안해진다. 질투와 시기로 눈이 멀어버린 상대에게는 손을 먼저 내미는 너그러움이 최고의 감정전략이다.

나는 **누군가**와 끊임없이 **연결**되고 싶다

한동안 언론에서 이슈로 다루었던 오피스 스파우즈에 대해 들어본 적이 있을 것이다. 얼마 전 직장인 650명을 대상으로 한 결혼정보업체의 조사결과에서, 직장인 10명 중 3명이 오피스 스파우즈가 있다고 답했다. 부정적인 사회적 시선을 감안해 인터뷰에 솔직하게 응답하지 않은 직장인들까지 합하면, 직장인들의 절반을 훌쩍 넘길지도 모른다. 오피스 스파우즈는, 이성적으로 사랑하진 않지만 직장 내에서 마치 아내와 남편처럼 서로에게 의지하는 직장 동료를 일컫는 신조어다. 오피스 스파우즈가 있다고 답한 직장인은 미혼보다 기혼이 두 배 정도 많았으며, 직급별로는 과장급이 50%를 넘어서면서 1위를 차지했다.

오피스 스파우즈가 도움이 되느냐는 질문에, 스파우즈가 있다고 답한 직장인들은 대체로 긍정적으로 응답했다. 업무에 도움이 되며, 스트레스를 받을 때 마음을 털어놓고 나면 어느 정도 스트레스가 해소된다는 답변들이 있었다. 반면, 오피스 스파우즈가 없다고 대답한 직장인들은, "좋게 말해서 직장 동료지 자칫 선을 넘으면 불륜이 아니냐"며 불편한 감정을 표현했다.

오피스 스파우즈라는 용어는 1930년 미국 여성 작가 페이스 볼드윈이 쓴 소설 《오피스 와이프Office Wife》에서 유래되었다. 이 용어는 1980년대부터 미국에서 유행어가 되었고, 2000년대 중반 이후 확산되면서 우리나라에도 대중문화사전을 비롯한 각종 사전에 등록되었다. 일반적으로 말하는 오피스 스파우즈는 이성적으로 사랑하진 않지만 배우자보다 친하게 지내는 이성 동료를 말한다.

그런데 왜 최근 우리나라에서도 오피스 스파우즈가 이슈로 등장하게 된 걸까? 최근 여성의 사회 진출이 늘어나면서 직장 내 여성의 수가 많아진 데에 우선 이유가 있다. 과거 대부분의 회사 내에는 남성들로 가득 차 있었고 여성들은 가뭄에 콩 나듯 소수에 불과했다. 그런데 오늘날엔 상황이 완전히 달라졌다. 이제는 어디에나 여성들이 포진해 있다. 회사에서 다양한 이성 동료, 선배와 후배 들을 접하다 보니, 자신의 남편과 아내보다 더 가깝게 느껴지는 직장 내 이성 동료가 생길 확률이 더 높아졌다.

그런데 앞서 조사결과를 보면, 오피스 스파우즈는 흥미롭게도 미혼자

보다는 기혼자에게 더 많았다. 집에 가면 실제 아내와 남편이 있는데, 멀쩡한 배우자를 두고 왜 하필이면 직장 내에 가짜 배우자를 만드는 걸까.

여러 가지 이유가 있겠지만, 첫 번째 이유는 우리가 하루 24시간 중 최소 8시간에서 12시간을 보내게 되는 직장생활의 패턴 때문이다. 우리나라 직장인들의 연간 근로시간은 과거와 비교하면 꾸준히 감소하고는 있지만, 여전히 경제협력개발기구OECD 평균 시간보다 길다. 2012년 기준 OECD에서 발표한 1,705시간보다 387시간이 더 길며, 하루에 9시간 근무 시 43일을 더 일하는 셈이다. 일부에선 대체휴일제 도입으로 선진국보다 휴일이 많아진다는 이야기도 있지만, 실제 한국의 연간 근로시간은 여전히 OECD 회원국 중 상위 3위 안에 든다.

흔히 하는 말로, 눈에서 멀어지면 마음에서도 멀어지는 법이다. 한동안 떨어져 있다가 만난 사람들은 서로 궁금한 것이 많아서 대화가 끊이지 않을 거라 생각하지만, 실제로는 그렇지 않다. 함께 공감할 만한 이야기가 많지 않다. 그래서 안부 인사나 근황 등을 묻고 나면 할 말이 없어 어색한 침묵이 감돈다. 오히려 자주 보는 친구끼리 할 말이 더 많고 같이 있으면 편하다. 가족도 마찬가지다.

한 가지 질문을 해보자. 당신은 어떤가? 당신은 당신의 배우자, 자녀, 부모님과 얼마나 많은 시간을 보내고 있는가? 아침에 정신없이 씻고 출근해서 낮 동안 업무에 시달린 후 집으로 돌아오면, 입도 뻥긋하기 싫을 때가 많다. 온종일 회사에서 직원들과 회의하랴 고객과 상담하랴 옆

부서 담당자 설득하랴 끊임없이 말을 했는데, 집에 와서 또 무슨 말을 해야 할까. 그래도 우리는 가정적인 남편, 다정한 아내가 되기 위해 배우자에게 몇 가지 질문들을 던진다. "오늘 별일 없었어?", "힘들었지?", "저녁은 먹었고?", "내일도 일찍 나가?" 등등의 대화를 주고받는다. 그런데 이런 질문들은 모두 단답식으로 얼마든지 쉽게 끝난다. "응", "좀 힘드네", "저녁 먹었어", "낼 일찍 출근해" 등 두세 마디로 대화가 마무리된다. 그러고 나면, 정적이 흐른다. 물을 것 묻고 답할 것 답했으니 더 이상 할 이야기가 없다. 의무방어식 대화를 끝내고 나면 각자 할 일을 시작한다. 남편은 TV를 보거나 방에 들어가 책을 보고, 아내는 낮에 못 했던 집안일 마무리나 아이 방 잠자리를 봐준다. 그러고는 일과를 마치고 다 같이 꿈나라로 간다. 이게 전부다. 같이하는 시간이 적은 만큼, 대화의 양도 짧다. 지금 당신에게, 집에 와서는 왜 이야기를 하지 않느냐 노력을 하지 않느냐고 따지는 것이 아니다. 서로 경청하지 않는 게 문제라고 말하고 있는 것이 아니다. 여기서 말하고자 하는 핵심은, 한국에서 직장생활을 하다 보면 가족 간의 대화가 쉽지 않다는 것이다.

그런데 사람은 말이 많은 사람이든 적은 사람이든, 누군가와 끊임없이 감정적으로 연결되고 싶어 한다. 자신을 걱정스러운 눈으로 바라봐주는 존재, 자신의 이야기를 듣고 고개를 끄덕여줄 존재를 원한다. 물론, 어떤 사람들은 성향적으로 고독을 즐기기도 한다. 그러나 고독과 외로움은 분명 다르다. 고독은 자기 스스로 혼자 있기를 선택한 것이다.

혼자 있어 힘든 것이 아니라 혼자 있어 좋은 감정이다. 반면 외로움은 본인이 원치 않았는데 혼자 남겨져 느끼는 괴로움이다. 간혹 고독을 즐기고 싶을 때도 있지만, 사람들 대부분은 오랜 시간의 고독보다는 누군가와 함께하면서 감정을 공유하고 싶어 한다. 이것이 우리 인간의 본성이다. 배우자와 함께하는 시간이 적어져 피상적인 대화만이 가능해진 요즘, 같은 직장에서 비슷한 감정을 느끼며 직장생활을 하는 오피스 스파우즈의 존재는 심리적인 위로를 주기도 한다.

오피스 스파우즈가 최근 이슈가 되는 두 번째 이유는, 대부분의 직장인들이 회사에서 힘들다는 걸 집에서 티 내면 안 된다는 강박관념을 갖고 있기 때문이다.

서양에 비해 동양, 특히 우리나라 남성들은 회사에서 힘든 일을 집에까지 끌어들이면 안 된다고 믿는다. 밖에서 아무리 힘들더라도 툭툭 털어버리고, 밝은 표정으로 집에 들어와야 한다고 생각한다. 결론부터 말하면, 이건 불가능하다. 당신은 오늘 종일 회사에서 강한 스트레스를 받았다. 업무 내내 이맛살이 찌부러져 있었고, 기분이 안 좋았다. 그렇지만 집 현관문 앞에서 당신은 외친다.

"이제, 부정적인 감정은 그만! 지금부터는 즐거운 마음으로 집안에 들어가는 거야! 하나, 둘, 셋!"

마음먹고 현관문을 통과하는 순간, 감정이 거짓말처럼 바뀐다. 분노, 화, 스트레스의 부정적인 감정들이 따뜻하고 편안한 감정으로! 만약 당신이 정말 이렇게 하고 있다면, 당신은 참 대단한 사람이다. 단언컨대 당신은 보통 사람은 아니다. 왜냐하면 자신의 감정이지만 자기 뜻대로 움직이는 게 절대 쉽지 않기 때문이다. 그래서 화가 나거나 마음이 불편할 때 주변 사람들이 참으라고 말하면, 많은 사람들이 흥분하며 이렇게 대꾸하곤 한다.

"내가 무슨 성인군자인 줄 알아? 어떻게 참으라는 거야?"

맞다. 모든 면에서 초탈한 성인군자가 아니라면, 감정을 완벽하게 다스리는 건 어려운 일이다. 사실 퇴근할 때, 이처럼 회사에서 있었던 걱정거리와 부정적 감정 들을 집으로 가져가지 않으려고 하는 데에는 이유가 있다. 공연히 가족들까지 걱정시키기 싫기 때문이다. 회사에서 속상한 일이 있을 때마다 그걸 집에 가서 푸는 사람도 물론 있다. 특히 감정코칭을 하다 보면, 회사에서 괴로웠던 억눌린 감정들이 집에서 폭발하는 경우를 종종 본다. 가족들을 위해 자신이 상당 부분 희생한다고 생각하는 경우에는 감정 분출의 정도가 더욱 강하다.

밖에서 화가 나는 일이 있을 때 그 감정을 그대로 품은 채 집에 들어와 가족들에게 화풀이하는 건 당연히 좋은 행동이 아니다. 아무것도 모르고 있는 가족들이 감정의 분풀이 대상이 되어서는 안 된다. 다만, 여기서 말하고자 하는 것은 부정적인 감정의 강도는 조절하되, 부부간에는 어느 정도 감정이 공유되어야 한다는 점이다. 우리는 결혼식장에서 주례자가 하는 뻔한 레퍼토리를 배우자와 함께 나란히 서서 들었다.

"비가 오나 눈이 오나 기쁠 때나 슬플 때나…"라는 말이었다. 배우자와 어느 정도의 감정 공유가 필요하다는 점에 대해서, 내가 만난 직장인들은 어렵지 않다며 손사래를 친다.

"회사에서 있었던 일을 아내에게 이야기해보세요. 어휴, 그때부터 더 피곤해져요. 하소연하면 그냥 듣고 넘어가면 되는데, 다음 날에도 또 그 다음 날에도 나를 마치 사고 친 아이 보듯 하면서 일은 잘 해결됐느냐고 계속 물어봐요. 10배는 더 피곤해져요."

TV 드라마를 보면, 가끔 이런 장면들이 나온다. 회사에서 힘들었던 남편의 사정에 대해 나중에서야 알게 된 아내가 울면서 이렇게 부르짖는다.

"난 당신에게 뭐야? 당신이 그렇게 힘들었는데도 나는 전혀 모르고 있었다는 게 말이 돼? 우리가 정말 가족 맞아?"

그 배신감은 안 당해본 사람은 모른다. 가족이라면, 특히 배우자라면 상대방이 요즘 어떤 감정 상태인지를 대충은 알아야 한다. 같은 집에서 살고 함께 음식을 나누며 식사하는 것뿐만 아니라 서로 감정도 공유할 의무가 있다.

힘든 일 하나하나를 일일이 서로 보고하자는 것이 아니라, 요즘 마음 상태가 어떤지 그리고 그 이유는 대충 무엇인지 힌트를 줘야 한다는 이야기다. 그런데 부부간에 이런 대화가 힘들다고 생각한 직장인들은, 회사의 여러 가지 이슈들에 대해 솔직하게 이야기를 나눌 대상을 회사 동료나 선후배들에게서 찾는다. 그래서 등장하게 된 존재가 오피스 스파우즈다.

그렇다면 오피스 스파우즈를 두는 것은 괜찮을까? 편하게 지내는 이성 동료와 선후배를 가진 직장인들은 입을 모은다.

"괜찮아요. 애정 관계가 아닌 걸요. 그 정도 자제력은 있습니다!"

그런데 나는 이런 대답을 들을 때마다 마음이 자꾸 불안해진다. 감정 문제에 있어서 100% 자신할 수 있는 사람이 있을까? 다른 사람들은 다 감정에 휘둘려도, 자신만은 감정을 완벽하게 통제하고 조절할 수 있다는 걸까? 장담할 수 있는 문제일까? 감정은 그렇게 녹록지 않은데 말이다.

실제로 나에게 코칭을 받은 직장인 중에, 오피스 스파우즈를 둔 차장이 있었다(이름을 밝힐 수가 없어 편의상 정 차장이라고 부른다). 정 차장은 업무와 관련하여 자주 보게 되는 여성 대리(편의상 김 대리라고 부른다)와 친근한 사이였고, 힘든 직장생활에서 어느 정도 서로 위안이 되어주었다. 내가 보기에 정 차장과 김 대리는 남녀 사이의 이상한 관계가 결코 아니었다. 그저 서로 챙겨주는 이성 동료 정도로 보는 게 적당했다. 그런데 코칭을 진행한 지 4개월 정도 지났을 즈음, 정 차장이 내게 주저하며 말을 꺼냈다.

"요즘 제 마음이 이상해요. 자꾸만 김 대리가 여자로 보여요."

나는 마음이 덜컹 내려앉았다.

"김 대리가 지난 주일에 남편이랑 휴가를 다녀왔거든요. 다녀와서 남편이랑 어디를 갔고 뭘 먹었다고 자랑하는데, 저도 모르게 화가 나고 짜

증이 났어요. 이거… 질투 맞죠? 아무래도 제가 미쳤나봐요."

 농담 삼아 서로를 오피스 스파우즈라고 부르며 회사 내에서 서로 의지했는데, 갑자기 정 차장 쪽에서 감정의 선을 넘어버린 것이다. 같이 있는 시간이 많아지고 감정 공유가 이루어지면서 스스로 통제가 어려워지기 시작한 것이다.

 회사에서 오피스 스파우즈 간에 문제가 생길 경우, 대개는 양쪽 모두에게 치명적인 해가 간다. 안 좋은 소문이 난 직원을 회사에서는 결코 덮어주지 않는다. 내가 본 많은 사례들에서, 해당 회사는 매우 철저하게 조사를 하고 단호한 결정을 내렸다. 회사의 조치로 각자가 힘들어질 뿐만 아니라, 문제가 생긴 오피스 스파우즈들은 서로에게 독소와 같은 존재로 관계가 변질되었다. 마치 부부가 살다가 감정이 상해 이혼한 것처럼 원수 같은 존재가 된다. 감정이 상한 오피스 스파우즈가 그동안 솔직하게 털어놓았던 내 약점이나 비밀들을 과연 지켜줄까? 당신은 이런저런 걱정과 불안으로 밤잠을 설치게 될 것이다.

 감정에는 장사가 없다. 혹시라도 발생할 수 있는 사고는 미리 방지해야 한다. 직장생활을 행복하게 성공적으로 하기 위해서는, 당신의 경력과 연봉에 치명적인 영향을 미칠 수 있는 그 어떤 것도 조심해야 한다. 당신 자신을, 그리고 당신의 감정을 너무 믿지 말자. 누구도 감정 문제에 자신할 수 없으니까.

공감,
감정의 톤을
맞추는 법

　　　　　　직장생활을 하다 보면, 오랜 시간을 같이하기 때문에 주변 동료나 부하 직원, 상사의 감정을 좀 더 민감하게 읽어낼 수가 있다. 함께 입사해서 원하든 원하지 않든 경쟁하긴 하지만, 그래도 특히 직장 동료들은 편하고 부담 없는 친구 같은 존재다. 그러다 보니 동료가 좋아하는 음식점, 즐기는 취미를 자연스럽게 알게 되고, 건강과 관련해서 간이 약한지 또는 신경성 위장염에 얼마나 자주 걸리는지 등도 대충 알 수 있다.

　마케팅팀 천민수 대리와 안진성 대리는 같은 해에 입사한 동기다. 천 대리는 성격이 원만하고 딱히 적을 만들지 않는 성격이라 누구랑도 잘 어울렸다. 어릴 때부터 부모가 아닌 할머니와 함께 살면서 마음고생도 많이 했다고 들었지만, 고생한 내색도 별로 하지 않고 밝게 웃을 줄 아는 사람이었다. 안 대리는 그런 천민수 대리가 좋았다. 퇴근하고 나면 맥주 한잔하는 술친구로서도 손색이 없었다. 천 대리는 남의 말을 귀 기울여 들어주고 적당히 조언도 할 줄 아는 센스를 가졌다.

그런데 지난주부터 천 대리의 얼굴이 어둡게 바뀌기 시작했다. 처음에는 안 대리도 눈치채지 못했다. 그냥 아침에 출근하면서 불쾌한 일이 있었겠지 또는 속이 안 좋은가 보다 정도로만 생각했다. 그런데 요 며칠 내내 천 대리의 표정은 계속 가라앉아 있었다. 안 대리는 천 대리를 복도로 불러냈다.

"요즘 무슨 일 있어? 왜 그래?"

천 대리는 걱정스러워하는 안 대리를 바라보며 어물쩍 웃었다.

"어… 아무것도 아니야. 그냥 컨디션이 안 좋아서 그래."

몸이 안 좋다는 천 대리의 말에 안 대리는 "그럼, 그렇지! 난 또 괜히 걱정했잖아. 술 좀 작작 마셔~"하며 어깨를 툭 치고 웃었다.

"천 대리, 오늘 저녁에 맛있는 거 먹으러 가자. 뭐 먹을까? 몸보신 시켜줄게."

천 대리는 웃는 것도 아니고 우는 것도 아닌 어정쩡한 표정을 지었다.

"아니, 난 오늘 안 갈래. 난 빼고 가."

"아, 왜 그래! 몸이 아플수록 잘 먹어야 한다니까! 이따 가는 거다, 알았지?"

결국 회사 일을 마치고 안 대리와 천 대리, 그리고 재무팀 동기까지 세 명이 함께 근처 족발집에 모였다. 안 대리는 큼직한 족발을 새우젓에 찍어 먹으며, 이번에 새 차를 뽑은 것에 대한 이야기를 쉴 새 없이 해댔다.

"역시 차는 ○○야. 밟으면 밟는 대로 쭉쭉 잘 나가더라고. 돈이 좋아, 돈이! 으하하."

평소 같으면 맞장구도 치고 같이 웃기도 했을 천 대리지만, 족발집에서도 천 대리는 여전히 기운이 없어 보였다.

"천 대리, 인상 좀 펴라. 몸 좀 안 좋다고 금방 안 죽어."

차 자랑을 늘어지게 하던 안 대리가 천 대리에게 이 말을 한 순간, 갑자기 천 대리가 벌떡 일어났다.

"난 그만 갈게. 마시고들 와."

갑자기 찬바람을 쌩 일으키며 소지품을 챙겨 나가는 천 대리의 뒷모습이 낯설었다. 안 대리와 재무팀 동기는 어안이 벙벙해졌다.

"천 대리 갑자기 왜 저래? 우리가 뭐 잘못 말한 거 있었나?"

안 대리가 잘못한 것이 있을까? 있다면 대체 무엇일까? 컨디션 안 좋은 동기 불러내서 족발 먹인 게 뭐가 그리 큰 잘못이라고. 혹시 천 대리가 이상하고 묘한 성격을 가지고 있었던 건 아닐까?

상대방의 마음은 말만 들어서 헤아리는 것이 아니다. 말은 얼마든지 거짓으로 꾸밀 수 있다. 상대방이 "아니다"라고 말할 때, 그 사람을 진정으로 염려하고 위하는 마음이 있다면 정말 아닌지를 다시 한 번 살펴봐야 한다.

동창회에서 최근 얼굴이 핼쑥해진 동창생을 만났다. "사업은 잘되니?"라고 묻자, 동창생은 애써 웃음을 보이며 "으응~ 별문제 없지 뭐"라고 대답했다. 이 대답을 들은 당신은 "그렇구나! 너 요즘 잘 나가는구나! 오늘 한턱내라!"라고 한다면, 당신은 눈치코치가 없는 사람이거나 무정한 사람이다.

기나긴 명절이 끝나고 다들 친정집으로 향하는데, 시어머니가 한마디 하신다.

"얘, 하룻밤 더 자고 가라. 괜찮지?"

며느리가 어색하게 웃으며 "예? 예…. 알겠어요, 어머니" 하고 대답했다. 나중에 이 문제를 가지고 부부싸움을 하는데 남편이 "당신도 어머니 말씀에 '예'라고 대답했잖아. 하룻밤 더 자고 가도 상관없다고 한 사람이 누군데 이제 와서 난리야!"라고 한다면, 남편은 도무지 사람 마음을 읽지 못하는 사람이다.

"요즘 무슨 일 있어? 왜 그래?"라고 안 대리가 천 대리에게 물었을 때, 몸이 좀 불편하다는 천 대리의 대답을 들었다고 해서 그 말만 믿고 그냥 지나쳐서는 안 되는 것이었다. 적어도 두 사람이 친하다면 그리고 서로에게 관심이 있다면, 몸이 아파서 그런 건지 최근 다른 문제가 있는 건 아닌지 좀 더 살폈어야 했다. 이건 굳이 상대방의 마음을 읽는 독심술이 아니더라도, 마음만 있으면 얼마든지 알아낼 수 있다. 입으로 하는 말과는 다른 표정, 어딘지 어색한 분위기와 자세 등으로도 대략 상대방의 감정을 예측해낼 수 있기 때문이다. 상대방에게 몇 가지 질문을 더 한 후, 대답을 들어보면 상대방의 상황을 좀 더 정확히 알게 된다.

그러나 안 대리는 그렇게 하지 않았다. 어쩌면 천 대리의 진짜 문제에 대해서 아는 것이 귀찮거나 부담스러웠을 수 있다. 사실 직장에서 만난 사이에 시시콜콜 가정사까지 공유할 필요는 없다. 다만, 천 대리가 몸이 불편한 것이 아니라 어딘지 걱정거리가 있는 것으로 보이면, 그 앞에서 지나치게 자신의 행복을 자랑해서는 안 된다. 새로 산 차가 잘 나간다거나 역시 돈이 좋다는 등의 자랑을 듣는 상대방은 감정적 박탈감을 더 깊이 느낄 수 있다.

예전에 TV 방송 프로그램에 한 연예인이 출연해서 한 말에 고개를 끄덕이며 공감한 적이 있다.

"내가 정말 우울할 땐 상대적으로 행복해 보이는 사람은 당분간 만나지 않는 게 좋은 것 같아요."

어쩔 수 없이 눈앞에 있는 상대방과 나 자신을 비교하게 되는 것이 인간이니 말이다.

당신은 공감이라는 단어를 자주 들어보았을 것이다. 상대방이 슬플 때 함께 눈물 흘려주는 것, 상대방이 기뻐할 때 함께 손뼉 치며 즐거워하는 것이 공감이다. 최근 당신 주위에 일이 잘 안 풀려 의기소침해 있거나 힘들어하는 동료, 상사, 후배가 있다면, 그들과 소통할 때 감정의 톤을 어느 정도 맞춰줘야 한다. 힘들어하는 사람들을 무조건 "다 잘될 거야"라며 긍정적 분위기로 이끌지는 말자. 상대가 마음이 힘들 땐, 섣불리 솔직한 조언이나 알맹이 없는 긍정적인 말보다는 동일한 감정을 느끼며 옆에 있어 주는 것이 더 큰 위로가 된다.

뒷담화에 대처하는 두 가지 기술

코칭하던 모 회사의 회식에 참여했을 때였다. 비가 추적추적 내리던 날, 저녁 식사를 하기 위해 경복궁 옆 근처 식당에서 업무를 마친 약 30여 명의 직원들이 모였다. 간단한 식사로 시작해서 술잔이 몇 차례 돌고, 어느 정도 술이 오르자 직원 한 명이 은근한 목소리로 같은 테이블에 앉아 있던 동료들에게 이렇게 말하는 걸 들었다.

"회식 자리의 하이라이트는 역시 뒷담화지~."

직장인들을 대상으로 한 설문조사들을 살펴보면 80% 이상이 "직장 내 뒷담화 경험이 있다"고 답했고, 뒷담화 소재는 주로 '상사의 리더십'과 '동료에 대한 뒷담화'가 많았다. 그 소리를 듣고 나도 모르게 미소가 지어졌다.

직장인 치고 뒷담화 한번 안 해본 사람이 있을까? 뒷담화의 의미가 좋든 나쁘든, 또는 의식적이든 무의식적이든지 간에, 뒷담화로부터 떳떳한 사람은 별로 없다. "난 단 한 번도 뒷담화 해본 적이 없는데요"라고 자신 있게 말할 수 있다면, 정말 대단한 사람이다. 뒷담화는 원래 합성어다. 담화(談話)와 뒤(後)가 합쳐져서 생긴 용어다. 남의 등 뒤에서 몰래 헐뜯을 때 쓰는 말이다. 요즘 "겉친"이라는 유행어도 있는데, 교묘하게 뒷담화하는 사람을 지칭할 때 쓰기도 한다. 즉, 겉으로는 친한 척하면서 뒤에서는 몰래 험담하는 사람을 가리킨다.

그런데 뒷담화를 입에 달고 사는 사람들을 가만 생각해보면, 밑바닥에 깔린 감정들이 주로 질투, 열등감일 때가 많다. 물론 상대방이 단순히 미워서 뒷담화를 하는 경우도 있다. 하지만 우리는 나 자신보다 못한 사람에 대해 목청을 높이며 험담을 하지는 않는다. 누가 봐도 나와 비교했을 때 부족한 사람에 대해서는 굳이 입을 열지 않는다. 대부분 나보다 더 많이 가졌고 더 능력 좋은 누군가가 있는데 게다가 마음에 들지도 않는 경우 적극적으로 뒷담화를 하게 된다. 그러니 동료가 시간 날 때마다 내 등 뒤에서 욕을 하고 있다면, 필시 동료는 나를 자신보다 뛰어난 경쟁자로 인식하고 있을 확률이 높다. 이런 동료가 회사 내에 있으면, 회식에 가자니 상대방 얼굴 봐서 짜증 나고, 안 가자니 그 자리에서 무슨 말이 나올지 몰라 찜찜해진다.

이런 동료의 열등감과 그로 인한 뒷담화에 대처하는 두 가지 감정대처전략이 있다. 우선, 기회가 닿을 때 동료에게 가볍게 말을 던져본다.

"강 과장, 얼마 전 내 뒷담화 했다며? 왜 그래~ 잘 좀 봐주라."

구체적인 시기와 장소는 언급하지 말고 뭉뚱그려 툭 말을 던진다. 지나치게 구체적인 사실을 언급하면, 그 당시의 상황을 당신에게 전해준 누군가가 곤란해지거나 문제가 더 복잡해질 수도 있다. 그냥 당신이 뒷담화 사실을 알고 있다는 것만 인지시키면 상대방을 긴장시키는 1차 목적은 달성된다. 이때, 심각하게 말을 하는 것보다 가볍게 웃으며 말하는 것이 효과가 더 크다. 왜냐하면, 굳은 얼굴로 "당신 내 뒷담화 했다며?"라고 말하는 순간, 일종의 선전포고가 되기 때문이다. 내 쪽의 감정 에너지가 크면, 그만큼 상대방 쪽에서도 전투력이 비슷한 수준까지 상승한다. '할 만하니까 했지. 내가 괜히 그래?'라는 저항감과 반발이 생긴다. 어차피 현장에서 뒷담화 하다가 덜미를 잡은 것도 아니다. 그러니 가볍게 접근하는 게 전략적으로 낫다. 당신이 알고 있다는 사실 그 자체만으로도 상대방은 감정적인 불편함을 느낀다.

두 번째 감정대처전략은 당신 스스로 감정을 다독이며 관리해야 한다는 것이다. 당신도 알다시피, 사람들이 자기 입으로 하고 다니는 말들을 내가 나서서 모두 통제할 수가 없다. 한 조직에는 다양한 성격과 전공, 배경, 나이를 가진 사람들이 모여 있고, 대개는 경쟁 관계다. 그들 모두가 당신이라는 인간을 좋아할 수는 없다. 누군가는 당신이 강원도 출신이라서 마음에 안 들고, 누군가는 당신이 국문학을 전공해서 마음에 들어 한다. 당신이 가진 독특한 말투가 좋다는 사람도 있고, 슬림핏으로 옷을 입는 당신의 패션 스타일이 거슬려서 못마땅하다는 사람도 있다. 정말, 제 눈에 안경이다.

그들의 취향을 어떻게 다 맞출 수 있을까. 불가능하다. 그래서 당신 자신의 감정을 잘 다독여야 한다는 것이다. 우리가 우러러보는 성인군자들은 대개 적이 없었을 거라 생각한다. 남에게 악담하거나 해가 되는 일을 한 적이 없는 성인군자들을 싫어할 이유가 없다. 그럼에도 여러 가지 이유들 때문에 누군가가 누군가에게 거부감을 드러낸다. 송나라의 환퇴는 공자를 죽이려 시도했고, 볼테르는 예수를 싫어했으며, 이태백은 맹자를 마음에 들어 하지 않았다고 한다.

적은 누구에게나 그리고 어디에나 있다. 내가 상대방이 원하는 대로 카멜레온처럼 변하지 않는 한, 나를 싫어하는 사람들은 반드시 존재한다. 그리고 싫어하는 사람이 존재하는 것처럼, 다행히 나를 좋아해주는 사람도 반드시 있다. 공평하다. 그러니 나를 욕하는 험담과 뒷담화 하나하나에 너무 신경 쓰지 말자.

감정 과잉인 사람들로부터 벗어나는 법

얼마 전 모 취업사이트에서 함께 일하는 걸 피하고 싶은 직장 동료, 그리고 함께 일하고 싶은 직장 동료 순위를 각각 조사한 적이 있다. 이때, 상위권 순위에 뽑힌 함께 일하기 싫은 유형은 바로 '감정 기복이 심한 동료'였다. 감정 기복이 심한 동료와 일하기가 힘들다는 응답률은, 업무 처리 속도가 늦어 주변에 피해를 주거나 마감 기한 등 업무의 기본을 잘 지키지 않는 경우보다 더 높은 순위를 차지했다.

성향에 따라 롤러코스터를 타는 것처럼 감정이 수시로 바뀌는 사람이 있다. 분명 아침에는 기분이 매우 좋았는데, 오후가 되면서 비 오기 전 찌뿌둥한 하늘처럼 온갖 인상을 쓰고 다닌다.

내가 아는 학교 선배 중에도 이런 유형이 있었다. 선배는 학과실에서 조교를 맡고 있어서 하루에도 여러 번 만날 기회가 많았다. 성격은 괄괄하거나 사납지 않고 조용한 편이었다. 그런데 일정 기간 접하다 보니, 이상하게 선배를 대하는 데 매번 불편함이 느껴졌다. 과실로 선배를 만나러 가기 전부터 신경이 예민해지기 시작했고, 선배를 만나 얘기할 때는 스스로 선배의 눈치를 보고 있다고 느꼈다. 서로 크게 화를 내거나 싸움을 한 적도 없는데, 왜 내가 이럴까 당시 고민이 되었다. 그리고 그 비밀을 곧 알게 되었다. 같은 과 동기들끼리 이야기를 하던 중, 나만 그런 감정을 느끼는 게 아니라는 사실을 안 것이다.

"그 선배는 묘한 데가 있어. 어떨 때는 그지없이 친절하다가 어떨 때는 싸늘하단 말이야."

이게 바로 정답이었다. 그 선배는 감정변화가 매우 잦은 편이었고, 왜 감정이 바뀌는지 그 이유도 분명치 않았다. 그래서 선배를 대할 때마다 힘이 들었던 것이다.

감정에는 일종의 법칙이 있다. 바로 인과Cause and effect 법칙이다. 'X 사건이 일어나면, Y 감정이 일어난다'는 식의 규칙 적용이 감정에서도 가능하다. 예를 들면, 조금 전 승진 소식을 들은 김 차장은 기분이 매우 좋을 거라고 예측할 수 있다. 집안 수도공사로 아내가 며칠 동안 고생했다면, 몸도 마음도 지쳐 있을 거라는 예상을 할 수 있다. 앞서 선배의 사례에서는, 선배가 제때 행정처리를 못 해서 교수님께 오전에 혼이 났다면 지금쯤 기분이 안 좋을 거라는 짐작이 가능하다. 이러한 감정의 인과법칙 때문에, 우리는 상대방의 감정을 미리 짐작하고 상황을 이해할 수 있다.

그런데 특별한 이유를 모르는 채 상대방의 감정이 변한 것을 알게 되면 우리는 당황한다. 예측을 못 하는 것처럼 불안한 것도 없다. 상대방이 내게 보이는 감정의 원인이 나한테 있는지 자꾸만 걱정된다. 그래서 상대방과의 대화에 집중할 수가 없다. 이런 상황이 반복되면, 나중엔 만나기도 전에 마음부터 조마조마하고 불편해진다.

근무시간 내내 이런 동료와 함께 일한다고 생각하면 가슴이 답답하다. 상대방의 기분에 맞춰 업무를 의논해가며 할 수도 없는 노릇이니, 같이 일하기에 피곤한 최악의 동료 유형으로 뽑혔을 것이다. 이런 동료는 사무실 내에 없는 게 상책이겠지만, 있다면 어떤 감정전략을 적용하는 게 좋을까?

나는 개인적으로 살짝 보슬비가 내리는 날씨를 좋아한다. 물론 화창하게 갠 날씨도 마음을 가볍게 하지만, 하늘이 조금 내려앉은 듯한 느낌을 주는 비 오는 날도 마음을 아늑하게 만든다.

당신은 어떤 날씨를 좋아하는가? 화창한 여름날과 같은 날씨? 아니면 보슬비가 내리는 안개 낀 날씨? 옛날 어르신들은 비가 오다가 날이 개는 것이 반복되면 "여우랑 호랑이랑 시집·장가간다"고 했다. 유독 날씨가 변덕스러울 때가 있다. 그런데 내가 변덕스러운 날씨를 좋아하지 않는다고 해서 날씨를 완전히 바꿀 수는 없다. "화창한 날씨로 바꿔

어라!" 하고 요술을 부릴 수도 없다. 날씨는 내가 바꿀 수 있는 대상이 아니다. 마찬가지로 감정의 기복이 심한 동료의 성향 자체를 근본적으로 변화시키는 것은 불가능하다. 곰곰이 생각해보면, 우리는 피를 나눈 부모, 형제도 바꾸기가 힘들다. 함께 사는 배우자나 심지어 내가 낳은 자식의 성향도 바꿀 수가 없다. 그러니 직장 동료의 감정적 성향을 바꾸는 건 어림도 없는 일이다.

그렇지만 효과적인 감정적 대처방법은 있다. 일단, 감정 기복이 심한 상대방의 감정에 같이 끌려다녀서는 안 된다. 상대방이 만사 귀찮아하며 우울함을 보였다고 해서, 당신까지 영향을 받지는 말아야 한다. 상대방은 '원래 그런 성향인 사람'으로 여겨버리자. 가능하면 상대방의 감정에 무뎌지도록 노력하자. '저 사람이 나 때문에 저러나?' 하는 생각을 자꾸 하면, 피곤해서 직장생활을 못 한다.

그렇다고, 상대방이 보이는 감정 하나하나에 민감해져서 "당신, 조울증이야? 감정적으로 문제가 많아! 이래서 어디 같이 일할 수 있겠어?"라며 싸움을 거는 것도 의미 없다. 감정 기복이 심하다는 건, 느끼는 감정의 종류와 강도가 급격히 상승할 수 있다는 걸 의미한다. 섣불리 상대방의 감정 상태를 언급하면 오히려 뒷감당이 안 될 수도 있다.

좀 더 적극적인 대처방법으로, 상대방의 감정변화가 심할 때는 업무와 관련된 회의를 잠시 미루거나, 자리를 뜨는 방법을 사용할 수 있다. 동료가 아니라 상사가 감정 기복이 심하면, 그 밑의 부하 직원들의 고통은 이만저만이 아니다. 그럴 때는 상사의 기분을 좋게 만들어주려고 억지로 노력하기보다는 잠시 자리를 피하는 것도 현명한 감정전략이 된다. 감정은 예민하게 움직이기 때문에 어설프게 대처하면 긁어 부스럼이 될 수 있다.

  마지막으로 상대방 감정의 패턴을 평소에 관찰하고 파악하는 것도 유용한 방법이 될 수 있다. 아무리 특별한 감정의 원인이 없이 하루에도 열두 번 감정변화가 있는 사람이라도, 관찰해보면 그 사람의 감정을 자극하는 원인이나 특정 이슈는 있게 마련이다. 상대방과 대화하기 전에, 특별히 싫어하는 주제나 행동 등은 주의하는 것이 현명하다.

3

그래도 너의 마음을
읽기로 했다

당신의 **울화통**은 **누가** 건드리는가

　　상사는 일반적으로 나이도 많고 사회 경험이 많은 인생 선배이기 때문에 감정적으로 힘든 상황에서 '그래, 내가 참자'라고 생각하고 넘어갈 때가 있다. 그런데 부하 직원은 좀 다르다. 나이도 어릴뿐더러 직장 경험이 짧으면 차라리 말이라도 잘 들으면 좋으련만, 하루에도 열두 번 울화통을 터지게 만든다.

　본격적으로 부하 직원과의 감정소통 상황들에 대해 살펴보기 전, 역시 부하 직원들에 대해 먼저 되돌아보고 생각하는 시간을 갖도록 하자.

　앞서 상사의 경우는, 문제해결유형에 따라 당신의 상사가 어떤 사람인지를 분류하고 그에 따른 대응책을 살펴보았다. 부하 직원과 관련해서는, 이들이 주로 어떤 가치관을 가졌는지를 살펴볼 필요가 있다.

요즘 고등학생 3학년이 고등학교에 갓 입학한 1학년들을 보면서 이렇게 이야기한단다.

"정말, 요즘 애들은 이해가 불가능해!"

하물며, 적게는 3~5살에서 많게는 10~15살까지 차이 나는 부하 직원들은 오죽할까. 이래서 세대별 불통사태라는 말이 나온다. 최근 직장 내에 다른 세대들이 공존하면서 서로의 차이점에 대해 이해하는 것이 중요한 이슈로 떠올랐다. 이때 서로의 차이점은 서로가 갖고 있는 가치관의 차이에서 비롯된다. 부하 직원은, 당신을 대놓고 무시해도 된다고 생각하거나 자신의 의견이 더 중요하다고 믿어서 특정 행동을 하는 것이 아니다. 가치관이 다른 데에서 오는 차이일 수 있다.

지금부터는 당신이 어떤 가치관을 갖고 있는지를 파악한 후, 당신이 이끌고 있는 부하 직원 1명을 생각하며 그의 가치관을 짐작해보자. 우선, 당신의 가치관부터 진단한다.

1 즐겁고 만족스러운 업무
2 높은 연봉
3 행복한 결혼생활
4 새로운 사람과의 잦은 만남
5 공동체 활동에의 참여
6 종교생활
7 짜릿하고 역동적인 스포츠 활동
8 지적 개발 활동

9   주어진 기회에 도전할 수 있는 경력상 기회   (   )
10 멋진 차, 옷, 집 등   (   )
11 가족과 함께 보내는 시간   (   )
12 친한 친구들과의 우정   (   )
13 자원봉사, 비영리단체 지원 활동   (   )
14 명상, 기도   (   )
15 건강을 위한 다이어트, 건강 챙기기   (   )
16 독서, 자기계발 프로그램 참여 등   (   )

위의 가치 진단은 로버트 루시어가 제시한 16가지 항목이다. 각각의 항목 오른쪽에 숫자를 적어넣는다. 전혀 중요하지 않다면 0, 매우 중요하다면 100을 준다. 당신이 생각하는 중요도에 따라 0~100까지의 점수를 자유롭게 줄 수 있다. 이제 시작해보자.

숫자를 모두 적어 넣었다면, 이제 점수를 계산만 하면 된다. 다음 표에 나온 각각의 항목에 기입했던 숫자들을 그대로 옮겨 적는다.

전문성	돈/재정	가족	사회적 관계
1.____	2.____	3.____	4.____
9.____	10.____	11.____	12.____
Total	Total	Total	Total

공동체	영적 부분	건강	지적 부분
5.____	6.____	7.____	8.____
13.____	14.____	15.____	16.____
Total	Total	Total	Total

출처: Robert N. Lussier, 《Human Relations in Organizations》

Total 점수 중에서 가장 높게 나온 3개에 동그라미를 한다. 만약 내 점수가 전문성, 가족, 건강 부문에서 Total 점수들이 가장 높게 나타났다면, 가장 중요하게 생각하는 가치가 바로 이 3개라는 의미다. 당신은 어떤 가치들을 가장 중요시하는 것으로 나타났는가?

이런 가치들은 사람에 따라 천차만별이다. 누구는 공동체에 소속되어 타인을 섬기는 가치를 매우 중시하며, 누구는 돈을 중시한다. 좋고 나쁜 가치는 없다. 공동체를 중시하는 사람이 돈을 중시하는 사람을 보면서 "저런 속물!"이라고 결코 말할 수 없다. 그런데 이처럼 각자가 중요시하는 가치를 아는 것이 왜 중요할까?

가치는 그 사람의 태도와 행동을 결정하기 때문이다. 예를 들어, 공동체에서 활동하는 것보다 건강을 더 중요하게 여기는 사람은, 모임에 나가기보다는 운동하러 운동센터에 갈 확률이 높다. 회사에서 야근을 더 많이 해서 돈을 버는 것보다 가족들이 더 소중하다고 생각하는 사람은 업무를 끝내고 바로 퇴근할 확률이 높다. 전문성보다 영적 부분에 더 큰 비중을 두는 사람은 영어학원을 다니거나 프레젠테이션 능력을 개발하기 위해 학원에 가는 일보다 종교활동에 더 심취한다. 가치관을 알면 그 사람의 행동을 어느 정도 예측할 수 있다.

그러니 부하 직원들이 왜 저렇게 행동하는지를 알고 싶다면, 그 사람이 무엇을 중요하게 여기는지를 생각해볼 필요가 있다. 당신이 자신의 가치관을 진단해본 것처럼, 부하 직원 중 한 사람을 떠올리며 당신이 직접 체크해보자. 같은 직장에서 일하는 직원이며 특히 당신이 그동안 관심을 갖고 지켜봤던 부하 직원이라면, 큰 무리 없이 체크할 수 있을 것이다. 어떤가? 당신과 비슷한 가치관을 가지고 있는 것으로 나왔는가? 아니면 완전히 다른 가치관인가?

부하 직원과 원활하게 소통하기 위해서는 일단 상대방의 가치관을 인정해주어야 한다. 당신이 돈을 중요시한다고 해서 "야근해, 돈 더 주면 되잖아!"라고 부하 직원에게 말할 수 없다. 왜냐하면, 부하 직원은 막상 돈이 삶에서 별로 중요하지 않다고 생각할 수 있기 때문이다. 가족과의 시간을 중요하게 생각하는 직원에게 "오늘 딸아이 생일이라고? 지금 장난해? 회사 회식은 일의 연장선상이야!"라고 말하지 말자. 부하 직원의 마음 문을 닫고 열정을 빼앗는 지름길이 된다. 위의 가치 진단 항목들을 활용하여 당신이 함께하는 부하 직원들의 가치관을 짐작해 보는 일은 매우 바람직하다.

이제 본격적으로 부하 직원들이 표현하는 감정에 어떻게 대응하는 것이 업무의 효율을 높이고 긍정적으로 소통할 수 있게 하는지 알아보자.

뾰로통한 표정 뒤에 숨어 있는 것들

직장에서 직급이 낮은 직원들이 입을 모아 하는 말이 있다.
"우리 상사는 회사에 출근하면 사무실에서 왕이지, 왕! 직원들 오라 가라 하면서 하고 싶은 대로 하고 말이야."

그런데 이건 잘 몰라서 하는 소리다. 15년, 20년 전만 해도, 상사의 말이라면 정말 죽는시늉까지 하던 시절이 있었다. 상사가 퇴근하면서 "내일 아침에 출근하면 바로 보고서 볼 수 있도록 준비해놔"라고 하면, "예"라고 1초 내에 대답하고 밤샘 야근을 불사하던 시절 말이다. '퇴근하면서 일을 시키는 게 어딨어?'라든가 '내가 왜 이 일을 해야 하지?'라는 의문도 갖지 않은 채, 당연히 상사가 시키는 일이니 해야 한다고만 믿었던 때가 있었다.

그런데 요즘은 어떤가? 당신 주변에 있는 부하 직원들을 떠올려보자. 당신의 다소 무리한 지시에 그들은 어떤 감정 상태와 행동을 보이는가? 흔쾌히 "예"를 외치는가? 어림도 없는 소리다. 부하 직원을 한두 명이라도 데리고 있다면 잘 알 것이다. 요즘 이런 반응은 꿈도 못 꾼다.

X세대와 Y세대를 넘어 외계인 세대라고까지 불리는 요즘 젊은 직원들은 표현이 솔직하다. 싫은 걸 좋다고 표현하는 일이 드물다. 자기 생각과 상사의 지시가 맞지 않으면, 대번에 감정이 표정에 드러난다. 대놓고 못하겠다고는 말하지 않지만, 어딘지 불편한 기색을 내보인다. 상사의 지시나 말에 따르는 것이 미덕이라 생각했던 지금의 과장, 차장들은 이런 직원들을 대할 때마다 황당할 뿐이다.

최근 들어 회사에서는 불필요한 야근을 하지 말자는 캠페인이 벌어지고 있다. 저녁 7시만 되면 일시에 사무실 불을 끄는가 하면, 야근하는 직원들이 있으면 해당 팀장이나 임원에게 페널티를 주는 기업들도 있다. 그러나 업무를 하다 보면, 어쩔 수 없이 남아서 처리해야 할 상황들이 있게 마련이다. 다른 직원들은 다 퇴근 준비를 하는데, 한 직원을 불러서 "오늘 이 업무는 다 처리하고 가야겠어요. 좀 남아야겠는걸"이라고 말하는 게 요즘은 부담스러운 분위기가 되었다. 이래저래 일 시키는 것도 눈치 보며 해야 하는 상황이 많아졌다.

홍성호 과장은 바로 밑의 직원인 신 대리를 불렀다.

"신 대리, 이번에 우리 팀 인원이 줄어들면서 업무 배분을 다시 했는데, 아무래도 이 업무는 신 대리가 맡아줘야겠어."

홍 과장은 책상 위에 올려놨던 파일들을 신 대리에게 건네주려고 집어 들다가 문득 고개를 들었다. 신 대리 쪽에서 "예. 알겠습니다, 과장님"이라는 대답이 당연히 있을 줄 알았는데 조용했기 때문이다. 홍 과장은 신 대리를 힐끔 쳐다보았다. 신 대리는 입술을 가운데로 모으고 뭔가 못마땅한 표정으로 서 있었다.

"신 대리, 무슨 문제 있어? 왜 그래?"

홍 과장이 묻자, 신 대리가 잠시 뜸을 들이다가 입을 연다.

"과장님, 우리 팀 인원 줄어든 건 저도 알겠는데요. 지금 제가 하고 있는 일만으로도 전 벅차요. 어렵겠습니다, 과장님."

홍 과장은 순간 열이 치솟아올랐다. 상사가 말하면 적어도 처음에는 순응하는 태도를 보이는 게 옳지 않을까? 홍 과장은 자기도 모르게 턱에 힘이 들어갔다.

"신 대리, 지금 무슨 소리 하는 거야?"

홍 과장은 여기까지 말한 다음 신 대리를 노려보았다. 속이 부글부글 끓어올랐다. 홍 과장은 눈썹을 찌푸리고 신 대리를 바라보았다. 신 대리는 그런 홍 과장의 감정을 아는지 모르는지, 주절주절 말을 하기 시작했다.

"아니, 그냥 못하겠다는 게 아니고요. 제가 지금 하고 있는 업무가 많다는 거죠. 과장님도 아시잖아요? 엊그제 기획안도 저더러 만들어보라고 하시고요. 오늘은 또 다른 업무를 주시고. 저도 한계예요, 과장님."

홍 과장은 신 대리의 이야기를 들으며 가슴이 답답해져 오는 걸 느꼈다. 최근 신 대리는 일을 맡기면 방어적인 자세부터 취해왔다. 계속 이런 반응을 보이는 신 대리를 보면서 뭘 어떻게 해야 할지 난감하기만 하다. 대체 어떻게 하면 좋을까?

회사마다 신 대리 같은 직원이 꼭 있다. 일을 주면 일단 입부터 부어오르는 직원, 나만 일을 시킨다며 불평하는 직원, 이것 말고도 해야 할 일 많다며 엄살부터 부리는 직원 등. 회사에서 공짜로 일을 시키는 것도 아니고, 월급을 받았으면 일하는 게 당연한 것 아닌가? 직원들의 이런 행동들을 대할 때마다 울화통이 터진다. 그리고 이런 성향을 지닌 직원들은 다루기가 쉽지 않다.

그러나 여기에 좀 더 효율적으로 대처하는 감정전략은 분명 있다. 일단 홍 과장은 상대방인 신 대리의 입장에서 먼저 접근할 필요가 있다. 역지사지 말이다. 상사들에게 역지사지에 대해 말하면 대개는 거부반응을 보이는데 그 이유는 이렇다. 일 못 하겠다고 뒤로 빠지는 직원들의 입장을 대체 왜 고려해야 하느냐는 것이다. 그러나 상대방의 감정을 미리 짐작해보면, 상대방을 다루기가 더 쉬워진다. 상대방이 어떤 감정을 느끼는지, 왜 그렇게 느끼는지를 이해하고 나면 더 나은 방식으로 상황을 해결해나갈 수가 있다.

앞서 신 대리는 왜 그런 식으로 행동했을까? 물론, 신 대리의 성격 자체가 부정적이라서 어떤 일을 줘도 기쁘게 받아들이지 않을 수도 있다. 그러나 항상 부정적인 반응만을 보이는 직원이 아니라면, 상사 앞에서 업무를 맡기 힘들다는 반응을 바로 보이기는 쉽지 않다. 앞서 신세대를 외계인이라 지칭했지만, 그래도 조직생활을 하면서 상사는 여전히 무시할 수 없는 존재이기 때문이다.

신 대리는 업무를 추가로 맡아야 한다는 홍 과장의 말을 듣고 어떤 감정을 느꼈을까? 당신이 신 대리라고 가정해보자. 갑자기 홍 과장이 불러서 "신 대리, 이번에 우리 팀 인원이 줄어들면서 업무 배분을 다시 했는데, 아무래도 이 업무는 신 대리가 맡아줘야겠어"라는 말을 들었다면, 순간 어떤 감정이 생길까? 신 대리의 대답이나 태도를 볼 때, 신 대리는 불공평함을 느꼈을 확률이 높다. 팀의 인원이 줄어든 것은 이해하지만, 하필이면 왜 업무들이 다 자신한테 몰리는지 답답했을 것이다. 한편으론 어떤 기준을 토대로 업무들을 자신에게 배정하는지에 대해서도 궁금할 것이다.

홍 과장은 신 대리의 입장을 고려해서 어떻게 행동해야 좋았을까? 우선 다짜고짜 업무부터 맡기는 건 아니다. 상황설명 없이 부담스러운 업무를 던져주면, 상대방은 당황하게 된다. 일단은 상황설명부터 해줘야 한다. 팀 인원이 줄어든 건 팀 사람들이 다 아는 사실인데, 뭐 굳이 상황설명을 또다시 해야 하느냐며 당신은 번거로움을 느낄 수 있다. 하지만 핵심으로 들어가기 전에 반드시 그 일이 생기게 된 배경이나 이유를 다시 한 번 언급해줘야 한다. 그래야 상대방이 빠져나갈 구멍이 줄어든다. "신 대리, 이번에 우리 팀이 인원이 준 건 알고 있지? 인원이 줄어들다 보니 기존 멤버들이 하던 일들을 남아 있는 사람들이 나눠서 해야 할 것 같아"라며 상황을 다시 한 번 주지시킨다. 그리고 "신 대리는 당연히 우리 상황에 대해 인지하고 있지?"라며 한 번 더 짚어준다. 이쯤 되면, 신 대리는 자신이 추가 업무를 맡게 될 것이라는 점을 예상하게 된다. 갑작스럽게 느끼는 감정은 사람을 당황하게 하지만, 예측 가능한 상황에서 느끼는 감정은 자연스럽게 받아들여진다. 예측할 수 있도록 설명해야 덜 놀라고 저항이 적다. 상대방의 저항감을 줄이기 위해서는 본론으로 들어가기 전에 짧게라도 상황설명을 하고, 이후 전개될 내용을 예측할 수 있도록 일종의 단서를 제공해주어야 한다.

그다음엔 신 대리가 현재 맡은 업무가 많다는 걸 알고 있다는 사실을 표현해야 한다. 홍 과장이 "남들 다 하는 일 뭐 대단한 거 한다고 투정이야?"라고 말하면, 신 대리는 억울해서라도 추가 업무를 맡지 않겠다고 버틸 것이다. 새로운 업무를 부여하려면, 일종의 동기부여가 필요하다. "신 대리에게 일이 왜 몰리겠어! 일을 깔끔하게 잘하니까 그런 거 아냐?" 하며 신 대리의 능력을 인정해주자. 신 대리가 평소에 업무와 관련해서 듣고 싶어 하는 칭찬과 인정의 말 등을 같이 해주자. 이는 상대방의 기분을 좋게 만들어서 일을 떠맡기려는 속셈 때문만은 아니다. 직장인들은 누구나 상사의 칭찬에 목말라 있다. 업무량은 더 늘리고 책임은 더 부과하면서, "당신은 잘해낼 것이다. 믿을 만하다"는 동기부여 정도도 안 하는 건 사람의 마음을 너무 모르고 감정에 지나치게 무지한 처사다.

만약 이렇게 설명을 하고 업무를 배분했는데도 신 대리가 업무를 받지 못하겠다고 한다면, 어떻게 하면 좋을지 신 대리의 의견을 역으로 물어보자. 직장생활을 어느 정도 한 직원이라면 끝까지 못하겠다고 우기기가 쉽지 않다. 끝까지 신 대리가 추가 업무를 맡지 않겠다고 한다면, 더 이상은 어쩔 수 없다. 팀 내의 여러 가지 상황을 판단하여, 상사로서 신 대리의 성과, 업무태도, 인성 등을 신중히 평가해야 한다.

'애지중지'는 더 이상 통하지 않는다

　　유독 상사를 무서워하는 부하 직원들이 있다. 특별히 소리를 지르거나 화를 낸 것도 아닌데, 인상이 조금이라도 불편해 보이면 "어… 어…" 하면서 말부터 더듬대는 부하 직원 말이다.

　　김영수 차장은 최근 들어온 신입사원 때문에 마음이 답답하다. 이번에 김 차장네 팀에서 신입사원 한 명을 받았다. 말 그대로 1차 서류전형, 2차와 3차 심층면접을 통해 지원자 1,500명 중에 뽑힌 똘망똘망한 신입사원들 중 한 명을 배정받은 것이다. 엄선된 인재라 생각하니 마음이 든든했다. 물론, 처음부터 신입사원이 일을 잘해내리라 기대를 하지는 않았다. 대학교를 막 졸업하고 회사에 처음 발을 디딘 신입사원은 조직 분위기에 적응하는 데만 최소 3개월에서 6개월이 걸린다.

'잘 가르쳐서 사람 만들어야지!'

김 차장은 아침 출근 때 사무실에 들어가면 "안녕하십니까, 차장님. 좋은 아침입니다"라고 벌떡 일어나 인사하는 신입사원 이정식 씨를 보면 흐뭇했다. 그러던 며칠 후, 김 차장은 이정식 씨에게 자료정리파일을 하나 주었다.

"정식 씨, 이 파일에 들어 있는 리스트를 회사규모별, 업종별로 나누어서 정리 한번 해줘요. 내일 오후까지."

이정식 씨는 잔뜩 상기된 얼굴로 "예, 차장님" 하고 대답했다. 다음 날, 김 차장은 정식 씨를 불렀다.

"다 됐어요?"

정식 씨는 "예, 드리겠습니다, 차장님"이라고 말한 후 파일을 전송해 왔다. 파일을 열어본 김 차장이 말했다.

"어? 이게 뭐야. 정식 씨 잠깐 와봐요."

이정식 씨는 긴장한 표정으로 김 차장에게 다가왔다.

"뭐가 잘못됐나요, 차장님?"

"정식 씨, 내가 규모별, 업종별로 분류해서 정리하라고 했는데, 이거 그렇게 한 거 맞아요?"

정식 씨는 서서히 얼굴이 달아오르기 시작하더니, 식은땀을 흘리기 시작했다.

"어… 어… 그러니까, 차장님께서 시키신 대로… 그게 하다 보니까…."

더듬더듬 이야기하는데 대체 무슨 말을 하는지 종잡을 수가 없다.

"정식 씨. 무슨 말인지 모르겠어. 명료하게 말해봐요."

김 차장이 살짝 인상을 찌푸리며 말하자, 정식 씨는 더 당황하기 시작했다.

"예, 차장님. 그러니까 제가 드리려는 말씀은… 그게 지난번에 말씀 주신 대로 했었는데요. 어… 어….'

김 차장은 당황한 정식 씨를 바라보다가 그만두라는 손짓을 했다.

"정식 씨, 조금 있다 이야기하죠."

이정식 씨가 자기 자리로 돌아간 후, 김 차장은 혼란스러웠다. 내가 정식 씨를 심하게 몰아붙였던가? 아니면 인상을 팍 쓰면서 짜증을 냈었나? 아니다. 적어도 본인이 생각하기에, 지금껏 직장생활을 하면서 부하 직원을 무지막지하게 몰아붙이거나 버럭 화를 낸 적이 거의 없다. 주변 동료나 부하 직원들의 평도 대략 그랬다. 그런데 정식 씨는 오늘 내 앞에서 왜 말을 잇지 못하며 당황했을까?

김 차장의 반응에 정식 씨가 당황한 건 사실이다. 하지만 이건 김 차장의 잘못이 아니다. 직장생활 하면서 상사에게 이 정도 피드백을 안 받으며 생활한다는 건 말이 안 된다.

요즘 신입사원들은 개성이 강하고 자신의 사생활을 침범당하는 것을 싫어하며 감정적으로 솔직하다. 반면에 어려운 상황이나 난처한 상황에 놓이면, 크게 당황하거나 쉽게 허물어지는 등 반대되는 성향도 보인다. 자녀라야 한두 명 있는 집안에서 애지중지 키운 요즘 세대들은 부모나 선생님에게조차 크게 혼이 난 기억이 별로 없다. 부모는 그렇지 않아도 극심한 입시전쟁에서 아이들 감정이 상할까봐 아이가 원하는 대로 해주려고 한다. 학교 선생님이 조금만 훈계해도 학부모가 찾아오고 아이들의 저항이 거세지므로, 혼내야 할 상황에서도 강하게 혼내지 못한다. 그렇게 자란 신세대들은 회사에 입사해서 조금만 힘들어져도 쉽게 포기하고 상처를 입는다. 이정식 씨가 그런 대표적인 유형이다. 음식이나 장소, 취미 등 본인의 취향과 관련하여 호불호를 말하거나 자신의 주장을 펼 때는 또렷하나, 다른 사람이 자신을 조금이라도 비판하거나 잘못을 지적하면 그걸 못 견뎌 한다. 화를 내기도 하고 심지어 직장에서 울기도 한다.

이런 양면적 성향을 가진 신입사원을 데리고 일해야 하는 중간관리자들은 속이 터진다. 회사에 제대로 적응하도록 가르치고 지도해야 할 신입사원을 어린아이처럼 달래가며 가르쳐야 하나 싶어 답답하다. 더구나 요즘 신입사원들은 회사나 상사 스타일이 본인과 맞지 않는다고 생각되면 이직도 쉽게 결정한다. 상사 입장에선 다루기가 여간 어려운 게 아니다.

그러나 어찌 되었든 이런 신입사원들을 잘 육성해서 회사의 핵심인재로 만드는 건 사수와 상사의 책임이다. 부모가 아이의 스타일을 고려하지 않고 양육했을 때 아이와의 사이가 점점 멀어지듯, 상사와 신입사원 간의 관계도 그렇다. 앞서도 말했지만, 신입사원은 아직 조직 분위기를 잘 모른다. 신입사원은 미성숙한 아이와 같다. 그래서 직장생활을 하다 보면 이런 일도 있고, 저런 일도 있을 수 있다는 걸 모른다. TV 드라마나 영화 속에서 보면, 신입사원으로 입사하여 자신의 능력을 발휘하며 멋지게 승승장구하는 내용이 간혹 나온다. 한마디로 '뽀대 나는 직장생활'을 꿈꾼 신세대 신입사원들은 자신도 입사하자마자 그런 생활을 할 것이라는 착각을 종종 한다. 그래서 자신의 기대와는 달리 힘든 직장생활을 하다 보면 쉽게 좌절하거나 다니던 직장을 나가버린다.

신입사원이 우리 팀으로 들어왔다면, 일단 어떤 성향을 가졌는지 관찰부터 한다. 이것이 상사가 해야 할 신입사원 키우기 1단계 액션이다. 그리고 일정 시점까지는 어느 정도의 미숙함이나 변덕스러움을 참아줄 필요가 있다. 이건, 시킬 일을 시키지 말라는 뜻이 아니다. 업무는 가르치되, 신입사원의 스타일과 감정적 성향을 관찰하고 그것에 맞게 대응할 필요가 있다는 것이다. 그렇게 3개월, 6개월이 지나다 보면 신입사원은 어느덧 우리 회사의 규범, 팀 문화, 조직 분위기를 차차 이해하고 자연스럽게 합류하게 된다.

사회적 촉진 현상 Social facilitation 이라는 것이 있다. 한 팀이나 회사 내의 직원들이 서로에게 영향을 미치고, 결과적으로 서로의 행동을 촉진하는 현상을 말한다. 한 회사의 직원들을 만나보면, 대부분 느껴지는 분위기가 비슷하다. 일주일에 5일, 하루에 최소 8시간, 같은 공간에서 함께

일하면서 자신도 모르게 생각과 가치관, 이미지가 닮아가는 것이다. 그러니 상사들은 조금만 기다려주면 된다. 신입사원이 우리 팀, 우리 회사의 문화에 자연스럽게 동화되고 행동규범을 익힐 때까지.

마지막으로, 신입사원과의 소통을 원활히 하기 위한 주의점 세 가지를 살펴보자.

일단, 사람이 아닌 발생한 사건에 초점을 두며 말해야 한다. 그렇지 않아도 쉽게 주눅이 드는 신입사원에게 "당신 틀렸어!"라고 말하면 대번 상처를 받는다. "행동방식이 틀렸다는 건데, 뭐가 잘못됐나요?"라고 말하는 상사들이 있다. 그런데 듣는 직원 입장에선 "당신이라는 인간 자체가 틀렸어!" 하는 소리로 들린다. 그러니 "당신의 ○○○한 행동은 바람직하지 않아"라고 정확하게 짚어서 말해준다.

두 번째 주의점은, 지시하는 주체를 정확하게 해야 한다는 것이다. "이런 식으로 하면 사장님이 좋아하시지 않아!"라고 말하지 말자. "나는 이런 방식을 선호하지 않아!"라고 말해야 한다. 업무를 지시하는 당신의 생각을 말해줘야 신입사원이 상황파악을 빨리한다.

세 번째 주의점은, 말과 행동을 일치시키는 것이다. 어떤 상사는 "난 괜찮으니, 그만 자리로 가봐요"라고 한다. 그런데 괜찮다는 상사의 표정은 일그러져 있고 화가 난 듯 씩씩거린다. 전혀 괜찮지 않은 것이다. 이런 상황에 놓이면 누구나 당황한다. 어쩔 줄을 모르고 우왕좌왕한다. 화가 났다면, "마음이 불편하다"라고 이야기하는 것이 백번 낫다.

다 갖춘 당신이
모르는
결정적 한 가지

뭐 하나 부족한 것 없이 다 갖춘 것처럼 보이는 후배가 있다. 선배 입장에서 봐도 부럽다. 어릴 때부터 풍족한 집안에서 태어나 아버지와 어머니의 뒷바라지를 충분히 받고 자란 듯한 귀티가 흐르는 외모. 공부를 좀 못했으면 좋으련만 학벌도 좋고, 고득점의 토익·토플 점수에 유창한 영어회화 실력까지. 하나부터 열까지 버릴 것 없어 보이는 후배 직원.

그런데 이상하게 이런 후배 직원들 중에 대하기가 힘든 사람이 있다. 단순히 선배의 부러움과 질투 때문이 아니라 뭔가 말로 표현하지 못할 미묘한 느낌이 있다. 선배가 말해도 그다지 귀담아 듣지 않는 듯한 느낌, 업무와 관련하여 지시해도 건성으로 받아들이는 듯한 느낌, 조언을 해주면 별로 중요하게 생각하지 않는 듯한 느낌이 있다.

이창석 과장은 그래서 정 대리가 불편하다. 정 대리는 한 달 전 타부서에서 우리 부서로 이동했다. 서로 다른 부서에 있을 때, 복도에서 잠깐씩 부딪히기는 했었지만, 간단히 묵례만 하는 사이였다. 이 과장은 정 대리에 대해 잘 몰랐지만, 가볍게 스쳐 지나가던 그 짧은 순간에도 '저 사람은 언제 봐도 당당하네'라는 생각은 했었다.

부서를 옮겨온 정 대리는 부장님과 차장님의 귀여움을 대번 받기 시작했다. 간혹 부서에 들르시는 본부장님은 정 대리를 볼 때마다 인물 좋고 듬직한 우리 회사 핵심인재라고 생각하시는 눈치가 역력하다.

지난주 수요일, 이 과장은 정 대리를 불렀다. 정 대리가 작성한 보고서와 관련해서 몇 가지 피드백을 주기 위해서다.

"정 대리, 이 페이지 내용을 표로 정리해서 삽입하는 게 낫겠어. 이 페이지는 그냥 삭제하고…."

그러자 정 대리가 잠깐 뜸을 들이더니 "과장님, 저도 그 부분을 생각 안 한 건 아닌데요. 표로 정리하는 게 오히려 복잡할 것 같아서 안 했어요. 그리고 삭제하라고 하신 이 페이지는 제가 흐름상 연결고리로 삽입한 겁니다. 필요하다고 생각합니다"라고 속사포처럼 말했다. 이 과장은 고개를 끄덕인 후 다시 보고서의 다른 페이지를 가리켰다.

"그래? 그럼 그 부분은 좀 더 생각해보자고. 그리고 말이야, 제목을 좀 더 신선한 걸로 붙이는 게 좋을 것 같은데. 혁신이란 말은 너무 식상

하잖아."

정 대리가 또다시 말을 이었다.

"저도 이미 생각한 부분인데요. 최근 다시 혁신이라는 말이 이슈가 되고 있거든요. 제가 볼 땐 이 제목이 가장 적합하다고 생각합니다."

보고서를 더 들여다보던 이 과장이 말했다.

"음… 그래? 아, 그리고 맨 뒷부분에 그동안 우리 팀에서 추진해온 경과를 짤막하게 한 장 정리해서 붙이지."

정 대리가 이 과장의 말을 받아 대답했다.

"과장님. 추진 경과 넣는 것도 생각했었어요. 근데 오히려 넣었다가 생색낸다는 얘기만 들을 수 있잖아요. 그래서 뺐어요. 에이~ 과장님! 저 머리 없는 놈 아닙니다. 다 앞뒤 생각해서 만든 보고서라고요."

정 대리가 본인 자리로 돌아간 후, 이 과장은 묘하게 기분이 불편해지는 걸 느꼈다. 조금 전, 정 대리는 대놓고 자신의 지시를 묵살하거나 의견을 무시한 적은 없었다. 그런데 말로 표현할 수 없는 느낌이 이 과장의 심기를 불편하게 하고 있었다. 이 과장은 씁쓸한 마음을 가지고 집에 돌아와 저녁을 먹은 후 침대에 누웠다. 이 과장은 갑자기 한 가지 생각이 번뜩 스쳤다. 이 과장이 피드백을 한 부분에 대해 정 대리는 지금까지 단 한 번도 제대로 수긍한 적이 없다는 사실이다. 보고서에 대한 피드백이든 사무실 정리문제든, 회식장소를 정하는 일이든, 정 대리는 이 과장의 의견을 순순히 받아들인 적이 없었다. 이유가 뭘까?

이 상황을 놓고 볼 때, 정 대리는 자기 자신에 대해 우월감을 느끼는 스타일임을 알 수 있다. 이 과장에 대해서도 자신보다 능력 있는 상사라고 인정하지 않는다. 그래서 상사 앞에서 그런 말투와 태도를 보인다. 이 과장이 직장에 더 오래 다녔으니 경험이야 많겠지만, 그런 이 과장보다는 본인이 더 똑똑하고 현명하다고 생각한다. 사실 선배로서 이런 후배를 보면, 참 얄밉다. '네가 얼마나 대단하냐?'라고 한 번쯤 물어보고 싶은 마음이 굴뚝같다. 하지만 이런 식으로 대하면, 후배 직원에게 열등감을 느끼는 초라한 선배로밖에 안 보인다. 그러니 이런 행동은 자제해야 한다.

우월감은 자기 자신이 다른 사람보다 훌륭하며 월등히 낫다고 여기는 감정이다. 그리고 우월감의 반대말은 열등감이다. 그런데 심리 해석상 우월감과 열등감은 동전의 양면처럼 붙어 있다고 보는 견해가 많다. 자기 자신에 대해 크게 부족함을 느끼거나 스스로를 방어하고 싶어 하는 사람들이 반대로 우월감을 강하게 드러낸다고 보는 관점이다. 실제로 주변을 돌아보면, 어느 특정 부분에서 자격지심을 가진 사람이 오히려 타인들 앞에서 자기자랑을 지나치게 하는 경우들을 접한다. 자신의 취약한 부분을 감추고 싶어 더 강한 척을 하는 것이다.

앞서 살펴본 정 대리의 경우, 뭐 하나 흠잡을 데 없는 조건을 갖추고 있는 듯 보이지만, 사람 일은 모를 일이다. 완벽한 조건을 가진 것처럼 보여도 속마음은 알 수 없다. 만족감을 느끼는 건 사람의 성향과 감정적 습관에 따라 다르다. 같은 조건 속에 있더라도 누구는 행복하다고 말하고 누구는 불행하다고 투덜댄다. 결국 그 사람의 행복감은 그 사람이 어떤 감정을 느끼느냐가 결정하기 때문에, 정 대리의 행복과 갖춰진 조건은 정작 관련이 없을 수 있다.

직장 선배로서 이런 정 대리의 우월감을 다루는 방법에는 여러 가지가 있다. 중요한 건, 대놓고 후배 직원과 싸우지 말아야 한다는 점이다. 자칫 잘못하면, 후배에 대한 열등감 때문에 옹졸하게 다투는 모습으로 비친다. 행동에 신중해야 한다. 자신이 잘났다고 생각하며 말대꾸하는 부하 직원에게 가장 좋은 감정적 대응은 침묵이다. 그래서 나는 정 대리 때문에 마음고생 하는 이창석 과장에게 침묵작전을 써보라고 권했다. 이 과장의 지적과 피드백에 정 대리가 계속 토를 달며 상사를 무시하는 듯한 태도를 보이면, 그 순간 잠시 하던 말을 멈추고 굳은 표정으로 아무 말도 하지 말라고 조언했다. 그래도 계속 똑같은 태도를 취하면, 고개를 돌려 10초 정도 정 대리의 눈을 똑바로 바라보라고 말해주었다. 그리고 2주일 후에 다시 이 문제에 관해 이야기해보기로 했다.

2주일이 지나서 이 과장을 만났을 때, 이 과장은 기분이 좋아 보였다.

"조언해주신 대로 해봤는데요. 그 이후로 정 대리가 이상하게 저를 어려워하는 것 같아요."

이야기를 들어보니, 정 대리가 갑자기 이 과장의 지시를 100% 순순히 따르며 존경심을 표현한 건 아니었다. 하지만 적어도 이 과장이 말할 때 말을 중간에 끊고 자신의 주장을 내세우거나 은근히 무시하는 듯한 태도는 보이지 않았다. 정 대리가 왜 갑자기 이런 태도를 보이게 된 걸까?

부모는 아이와 말꼬투리 하나하나를 잡으며 싸우면 안 된다. 부모로서의 체면이 떨어진다. 그건 부모가 자식을 혼내는 상황이 아니라, 마치 아이와 서로 싸우는 형상이 되기 때문이다. 상사와 부하도 마찬가지다. 말싸움을 시작하면 격이 떨어지는 건 상사 쪽이다. 말을 많이 하면 우습게 보인다. 상사는 가능한 한 감정에 휘둘리지 않고 감정적으로 차분하게 행동해야 한다. 이 상황에서 이 과장이 정 대리의 눈을 똑바로 바라보는 행동은 특별한 감정적 신호가 된다. 동남아시아에 여행을 가면 원숭이 사원으로 들어가기 전에, 여행가이드가 반드시 사전에 주의를 시킨다.

"원숭이의 눈을 10초 이상 바라보지 마세요."

왜냐하면 원숭이는 눈을 똑바로 바라보는 행동을 공격하겠다는 싸움의 신호로 받아들이기 때문이다. 그래서 그 대상이 사람이든 코끼리든 호랑이든지 간에 공격을 개시한다. 정색을 하고 정면으로 바라보는 것은 상상외로 상대방에게 위압감을 준다. 자신이 상사보다 더 낫다고 생각하는 부하 직원의 말과 행동에 하나하나 대응하기보다는, 한 발짝 뒤로 물러서서 조금은 냉담한 감정적 태도를 취하는 것이 더욱 효과적이다.

나는

왜

일하기 **싫은가**

　사람이 살다 보면 어떤 때는 유독 신 나고 즐겁고 열정이 넘칠 때가 있다. 직장생활도 마찬가지다. 그럴 때는 출근해서 누가 시키지 않아도 자리정리 깔끔하게 하고, 그동안 밀렸던 업무를 살피고, 거래처 담당자들에게 전화를 돌려 안부를 묻는다. 출근할 때 발걸음이 가볍고 특별한 스트레스도 없다. 마치 회사와 연애하는 것처럼, 회사에 소속된 것이 무작정 고맙고 좋다.
　그런데 어떤 때는 자꾸만 몸과 마음이 처진다.
　"이번 주까지는 반드시 끝내야 해!"
　상사의 단호한 말투에도 정신이 번쩍 나지 않는다. 마치 온몸이 물에 푹 젖은 솜뭉치처럼 아래로 처져만 간다. 자꾸만 밑으로 가라앉는 느낌이 든다. 앞서 기분이 좋을 때는 회사와 연애하는 것 같았다면, 지금은 40년 같이 살아온 부부의 권태기처럼 회사와 업무에 재미를 못 느낀다. 만사가 귀찮다. 일을 하면서도 '내가 왜 이 일을 하고 있지?', '이건 해서 뭐해?' 하는 질문들이 머릿속을 어지럽힌다. 당신은 지금 회사와 연애를 하고 있는가? 아니면 회사를 지겨워하고 있는가? 그래서 참다못해 회사와 이별할 준비를 하고 있는가?

사람은 누구나 긍정적인 감정을 가짐과 동시에 부정적인 감정도 가지고 있다. 그래서 때로는 활기차게 업무에 몰두하지만, 때로는 스스로의 능력과 한계에 좌절하기도 하고, 회사의 정책이나 상사에 대해 서운함과 분노를 느낀다. 이는 지극히 정상이다. 이상한 것이 아니다. 아무리 좋은 것도 언제나 끝이 있다. 첫 입사 때의 설렘, 첫 키스 때의 짜릿함, 첫 신혼생활의 달콤함에 한도가 있는 것처럼 말이다. 그런데 감정이 자연스럽게 변화하고 움직이고 회복되는 것이 아니라, 언제 봐도 '파김치'인 듯한 느낌을 주는 직원이 있다. 열정이 없고, 대답에도 힘이 없고, 어딘지 멍해 보이는 직원을 보면 상사 입장에서 답답하기 이를 데 없다. 이런 직원을 데리고 어떻게 팀의 목표를 달성하고 성과를 낼 수 있을지 암담하다.

최선재 실장은 현섭 씨를 볼 때마다 복장이 터진다. 바로 딱 3일 전 오전에 벌어진 일이다. 중요한 입찰 경쟁 프레젠테이션을 앞두고 준비하는 와중에, 우리 회사와 사사건건 경쟁하고 있는 회사가 이번 입찰에 참여하게 되었다는 소식을 입수했다. 마치 우리나라와 일본 간에 미묘한 감정의 대립이 있는 것처럼, 우리 회사와 경쟁사 역시 눈에 보이지 않는 기 싸움이 매번 벌어지곤 했다.

"그쪽 업체도 이번 입찰 경쟁 프레젠테이션에 참여한대!"

소식이 전해지자마자, 팀에서는 벌써 팀원들의 눈빛이 달라졌다. 팀 전체에 전의가 느껴지기 시작했다.

"정말요, 실장님? 와~ 한판 제대로 붙게 되겠네요!"

"올 테면 와보라 해! 끝장내주겠어~."

직원들은 저마다 농담 반 진담 반 섞어가며 떠들어댔다. 상대편 경쟁사가 분명 부담은 되지만, 어차피 승률은 비슷비슷하니 직원들에겐 오히려 긍정적인 자극제가 되는 듯 보였다.

그런데 이 와중에 계속 조용히 자리를 지키고 앉아 팀원들의 모습을 멀뚱멀뚱 지켜보는 직원이 한 명 있었다. 현섭 씨였다. 사람의 성향에 따라 이런 상황에서 다소 과장되게 자신의 감정을 드러내고 과잉행동하는 직원이 있다. 반면, 잠잠히 앉아서 조용하게 상황을 지켜보는 직원도 있다. 이건 완전히 그 사람이 가진 성격과 감정적 성향에 달려 있다. 그러니 현섭 씨가 아무 말 하지 않는다고 해서 탓할 일은 아니다. 하지만 현섭 씨는 언제나 그렇듯 표정과 행동에 별다른 변화가 없어 보였다. 이게 바로 문제다.

물론, 처음 회사에 들어왔을 때부터 현섭 씨가 이랬던 건 아니다. 어떤 일을 맡기면 적어도 해보려는 의지를 보였고, 궁금한 점들을 메모해서 일을 처리하기 전에 상사에게 물어보기도 했다. 선배들에게 "고칠 점이 있으면 가차 없이 지적해주세요"라고 쑥스러워하면서도 요청했었다. 그러던 현섭 씨는 어느 시점에서부턴가 조금씩 열의를 잃어가기 시작했다.

최 실장은 강 건너 불구경하듯 무덤덤한 표정으로 앉아 있는 현섭 씨가 마음에 걸렸다. 최 실장이 현섭 씨의 그런 태도를 그냥 바라만 보며 내버려뒀던 것은 아니다. 따로 불러서 힘든 일이 있는지 물어도 보고 타일러도 봤다.

"현섭 씨, 일하는 데 무슨 문제 있어? 계속 이런 모습 보이면, 현섭 씨에게 안 좋아. 직장생활 계속하려면 이렇게는 안 돼."

하지만 최 실장의 질문에도 현섭 씨는 어깨를 구부정하게 구부린 채 책상만 내려다보며 별다른 반응이 없었고, 이런저런 조언에도 크게 달라지는 모습을 보이지 않았다.

3일 전, 최 실장은 입찰 프레젠테이션 준비를 최종 점검하기 위해 팀 회의를 소집했다. 준비가 막바지에 다다른 만큼, 직원들은 앞다투어 자신의 의견을 적극적으로 발표하고 토론을 벌였다. 그러나 현섭 씨는 오늘도 회의실 한쪽 구석에 앉아 노트에 뭔가를 끄적일 뿐, 주장을 펼치지도 다른 사람의 의견에 찬반 의사를 표명하지도 않았다.

'현섭 씨에 대해 나도 참을 만큼 참았어! 더 이상은 팀의 분위기를 위

해서라도 안 되겠어!'

　최 실장은 현섭 씨를 보며 입술을 깨물었다. 이후 최 실장은 결국 현섭 씨를 팀원으로 데리고 일하기를 포기했다. 사실 상사 입장에선 이 방법이 가장 빠르고 속 편하다. 물론 지금까지 가르쳐보려고 노력했던 시간과 투자한 비용이 아깝긴 하지만, 더 이상의 에너지 소모 없이 포기할 땐 포기하는 것이 맘은 편하다. 적어도 이제 현섭 씨 문제로 마음이 복잡하진 않다고 최 실장이 현섭 씨를 다른 팀으로 보내며 내게 말했던 기억이 난다. 말 뒤끝에 최 실장이 한숨을 쉬었던 것 같다. 뭔가 모를 미진함이 조금 남았었나 보다.

　일반적으로 위와 같은 상황에서 직속 상사는 현섭 씨에게 세 가지 조치를 할 수 있다. 우선 최 실장처럼 현섭 씨를 팀에서 빼는 것이다. 다른 팀이나 부서로 보내는 조치다. 상사에게 보고하여 현섭 씨의 성향과 지금 맡은 업무가 적성이 맞지 않으니, 재배치해줄 것을 요청한다.

　두 번째 방법은 현섭 씨를 그냥 방치하는 것이다. 중요한 일을 맡기지 않고 업무를 주지 않는다. 맡겨봤자 열심히 하지 않으니, 팀 프로젝트에서 왕따를 시킨다. 이렇게 하다 보면 본인에게 경각심을 불러일으켜 정신을 차리게 될 수도 있고, 그렇지 않다고 해도 그냥 신경 쓰지 않는 것이다. 일종의 자연도태 방법이다. 그런데 이 방법은 팀 분위기를 고려할 때 조금 위험할 수 있다. 직원 한 명의 감정은 그저 개인의 감정으로 끝나는 것이 아니기 때문이다. 왈레스 박사와 그의 동료는 조직 내 개인의 부정적 감정은 결과적으로 그 팀과 조직의 분위기에 악영향을 미친다는 연구결과를 발표하였다. 이 연구를 보면, 개인의 우울함과 좌절감 등은 업무에 대한 나태한 태도를 만들며, 주변 사람들과의 소통을 방해하고, 업무에 대한 학습도를 떨어뜨린다. 무엇보다 심각한 건, 이런 개인의 부정적 감정이 결국 주변 팀원들과 직원들에게 전염된다는 점이다.

이는 미국의 외교전문가 딘 애치슨의 '썩은 사과 이론'으로도 설명할 수 있다. 사과 한 박스에 썩은 사과 하나를 넣어두면, 썩은 사과가 곧 주변에 있는 사과들까지 썩게 만든다. 개인의 감정 역시 결코 혼자만의 감정으로 끝나지 않는다. 썩은 사과 속의 곰팡이가 다른 사과에 옮겨가서 결국 사과 한 박스 전체를 썩게 만드는 것처럼, 직원 한 명의 우울함은 팀 전체의 감정을 밑바닥으로 끌어내린다. 사람들이 모여 있는 직장에서, 리더가 직원 개개인의 감정을 어느 정도 살피고 관리해야 하는 이유가 바로 여기에 있다.

마지막 세 번째 방법은 '제대로' 코칭해보는 것이다. 앞서 최 실장은 현섭 씨를 불러 여러 차례 대화를 시도했다고 말했다. 어떻게 현섭 씨와 대화했느냐고 내가 묻자, "이런 식으로 일하면, 현섭 씨는 승진 못 해"라든가 "경쟁 프레젠테이션에서 이겨서 우리가 그 일을 따냈을 때의 그 짜릿함을 상상해봐요. 난 세상을 다 가진 것처럼 좋던데, 현섭 씨는 안 그래?"라고 말하고 설득했단다. 그런데 이렇게 말하는 건 별 효과가 없다. 이건 100% 최 실장의 관점에서, 최 실장의 가치관에서 나온 생각을 토대로 하기 때문이다. 최 실장은 자기 생각을 그저 속사포처럼 현섭 씨에게 전달한 것뿐이다. 그러니 이걸 가지고 최 실장이 "난 할 만큼 했다고요. 상담도 하고 코칭도 했어요"라고 말할 순 없다. 최 실장은 그저 자기 생각을 현섭 씨에게 강요하며, 왜 열정을 보이지 않는지에 대해 잔소리를 한 것이니까.

위키백과 한국어판에 나온 코칭의 정의를 보면, 코칭이란 코치가 코칭을 받는 사람으로 하여금 스스로 목표를 설정하고 효과적으로 달성하며 성장할 수 있도록 지원하는 과정이다. 이때, 코칭의 핵심은 '스스로'에 있다. 코칭은 마치 부모가 태어난 지 얼마 안 되는 영아를 키우듯이 먹이고 입히고 재우는 행동과 다르다. "당신은 이 방향으로 나가야 성공해!"라며 경험과 능력이 많은 사람이 일방적으로 나아갈 방향을 정해주는 건 코칭이 아니다. 상대방이 스스로 성공을 달성하는 힘을 내면에 가지고 있다는 걸 인정해주는 데에서 비로소 코칭이 시작된다.

전설적인 테니스 코치로 유명한 티모시 갤웨이는, 어떻게 선수들을 훌륭하게 육성했는지를 묻는 기자들의 질문에 이렇게 답했다.

> 기술적이고 상세한 부분을 하나하나 지시하기보다는, 상대방이 자신의 내면적 정신에 집중하도록 도와야 기술을 배울 수 있습니다.

이후, 티모시 갤웨이의 이런 코칭방식이 다른 분야에도 적용할 수 있다는 점이 사회 전반적으로 공유되면서, 티모시 갤웨이의 코칭법이 코치들에 의해 더욱 활성화되었다.

지금 당신이 현섭 씨와 같은 부하 직원을 보면서 마음고생을 하고 있다면, 그리고 이 부하 직원을 포기하기 전에 제대로 코칭해보겠다는 마음을 먹었다면, 우선 그 부하 직원과 일대일로 면담시간을 잡는다. 그리고 면담을 시작하면서 왜 따로 만나자고 했는지 그 이유를 분명하게 언급한다. "오늘 현섭 씨를 만나자고 한 이유는, 현섭 씨가 일에 열정이 없는 것처럼 느껴져서예요. 이 부분에 대해서 마음을 터놓고 이야기했으면 좋겠어요"라고 직접적으로 말한다. 사안이 중요한 만큼, 애매하게 둘러 말하지 말고 분명하게 말해준다.

이때, 직원과 대화를 하면서 상사가 염두에 두어야 할 건 바로 경청이다. 경청이 중요하다는 건 수많은 교육에서 귀가 닳도록 듣고 배웠을 것이다. 그럼에도 이상하게 리더들이 가장 못하는 것이 여전히 경청이다. 코칭의 핵심은 '듣는 것'에 있다. 현섭 씨가 왜 업무에 열정을 느끼지 못하는지, 혹시 열정은 있지만 어떻게 업무를 해야 할지 모르는 것인지, 업무 외에 사기를 떨어뜨리는 다른 요인이 있는 것인지를 파악하는 것이 면담에서 가장 중요하다. 그리고 현섭 씨의 열정에 불을 지피는 것이 무엇인지, 어떻게 해주기를 바라는지를 알고 함께 발전 목표를 설정해야 한다. 상사가 이런 사항들을 알고 나면, 좀 더 현명한 대응과 조치가 가능해진다.

유한

당신이

단호해지는 법

이 책을 준비하는 과정에서, 나의 피코치자들에게 직장 내 다양한 이슈들에 대해 감정적으로 대처하는 방법들이 실제로 필요할지를 물어보았다. 그중 홍영식 부장은 책의 여러 주제 중에서 "나를 제치고 상위 직급자에게 달려가는 부하" 부분을 손가락으로 짚어가며 분개했었다.

"딱 이런 부하 직원이 저한테 있어요. 생각할수록 열 받아요! 이런 직원은 대체 어떻게 다뤄야 하나요?"

흥분하는 홍 부장을 보니, 과장해서 표현하는 것이 아니라 진짜 많이 속상한 듯 보였다. 분명 자신이 부하의 사수이자 직속 상사인데도, 자기를 무시하고 더 높은 직급에 가서 고해바치는 부하 직원이 그렇게 얄미울 수가 없다는 거다. 홍 부장은 지난 5년간 인재개발팀을 맡아 운영해 왔다. 홍 부장은 성격이 온순하고 사람을 워낙 좋아해서 사내 인맥도 두루두루 넓었고 따르는 후배들도 많았다. 내가 보기에 홍 부장은 경쟁의식이 별로 없고 승진에 대한 치열함도 없어 보였는데, 주변 사람들의 평들도 대충 비슷했다.

인사팀 전체를 이끌고 있는 홍 부장의 상사 최 상무는 좀 달랐다. 매우 공격적인 성향을 지니고 있었으며, 이런 성향 덕분에 상대적으로 이른 나이에 상무직에 올랐다. 자신의 주관이 뚜렷했고, 성격이 급한 다혈질에 속했다. 이런 최 상무 밑에서 유순한 홍 부장은 마음고생을 꽤 하고 있었다. 한편, 최 상무는 그 나름대로 행동이 느리고 야망이 없어 보이는 홍 부장이 답답하게 느껴졌던 모양이다. 홍 부장을 코칭하기 위한 상사 인터뷰에서, 최 상무는 내게 속마음을 털어놓았다.

이런 최 상무와 홍 부장 사이에는 홍 부장의 직속 부하인 류 과장이 있었다. 한마디로 말하면, 류 과장은 최 상무 과에 속했다. 다른 동기들에 비해 승진에 대한 의욕이 매우 강했고, 일 처리가 빨랐다. 리더십의 성향을 단순하게 두 가지(사람 중심적 리더십과 과업 중심적 리더십)으로 나눈 미시건주립대학의 연구를 토대로 봤을 때, 류 과장은 완벽하게 과업 중심적 성향을 가졌다. 즉, 사람 관계보다는 일 중심의 사고방식이 강한 사람이었다. 그러다 보니, 류 과장의 입장에서는 최 상무가 그랬듯이 홍 부장이 영 답답해 보였다. 인사발령이나 전환배치 등의 업무를 빨리빨리 처리하면 좋으련만, 직원 당사자들의 입장을 고려해서 한 명씩 면담하는 홍 부장의 스타일이 마음에 들지 않았다.

'대체 어느 세월에 다 진행하겠어…'

류 과장은 복장이 터졌다. 그러던 어느 날, 사건이 터졌다. 지난 반년간 우수한 성과를 낸 핵심인재들을 대상으로 한 해외연수프로그램을 기획하는 과정에서였다. 애초에 계획했던 인원은 25명이었는데, 제시한 성과수준을 달성한 직원 수가 32명이었다. 7명이 초과된 상황이었다. 홍 부장은 처음부터 일정한 평가수준을 넘으면 해외연수를 보내주기로 했으니, 인재개발팀 예산에 무리가 되더라도 32명 전원을 보내줘야 한다는 생각이었다. 홍 부장은, 해외연수를 가고 싶어서 열심히 노력한 직원들을 실망시킬 수 없다는 의견을 폈다. 반면, 이 프로그램을 함께 맡아서 추진 중인 류 과장은 홍 부장의 의견에 결사반대하고 나섰다.

"부장님, 우리 팀 예산은 정해져 있습니다. 그런데 막무가내로 32명을 다 보내겠다고 하시면 어떡해요. 상대평가해서 위로부터 자르죠! 나머지 7명에게는 제가 통보하겠습니다. 안 되는 건 안 된다고 해야지, 안 그러면 이런 사례가 내년에도 또 발생해요."

류 과장의 의견이 맞는 부분도 있지만, 홍 부장은 실망할 직원들의 얼굴이 하나하나 떠올라 마음이 불편했다.

"이번 주까지만 생각해보자고, 류 과장. 어차피 직원들 동기부여하자고 시작한 연수프로그램인데, 오히려 직원들 사기를 꺾어서야 되겠어?

나도 더 고민해볼게."

류 과장은 상기된 얼굴로 앉아 있다가 서류를 챙겨 회의실을 나갔다. 그러고는 다른 보고 건으로 최 상무 방에 갈 일이 생겼을 때, 최 상무 앞에서 이 문제를 꺼냈다. 류 과장은 최 상무에게 그간의 상황과 자신의 의견을 덧붙여 보고했고, 최 상무는 "당장 류 과장 생각대로 진행해! 홍 부장은 내 방으로 오라고 하고!"라고 말했다.

"상무님께서 찾으세요."

류 과장의 말을 전해 듣고 홍 부장이 최 상무 방에 가자, 최 상무는 "왜 아래 직원을 힘들게 해, 홍 부장"이라는 말로 대화를 시작했다.

"홍 부장이 나서서 팀 예산 등을 챙겨야지, 애매한 태도를 보이면 어떡하냐고."

홍 부장은 최 상무가 말하는 내내 끓어오르는 감정을 억누르려고 애썼다.

'류 과장, 이 자식! 내가 분명 이번 주까지 고민해서 다시 이야기하자고 했는데, 그걸 곧바로 최 상무한테 말해?'

사람 좋은 홍 부장이지만, 류 과장이 직속 상사인 자신을 무시했다고 생각하자 열이 뻗쳐올랐다. 이야기를 마치고 최 상무 방을 나오는데, 최 상무가 마지막 한마디를 던졌다.

"류 과장은 우리 회사 핵심인재야. 거, 괜히 류 과장 중간에서 힘들게 만들지 말고 잘해줘. 홍 부장이 일하기 편하려면, 밑에 류 과장 같은 직원이 있어야 해."

홍 부장은 앞으로 어떻게 류 과장을 다뤄야 할까? 당신이 홍 부장의 입장이라면 어떻게 행동하겠는가? 당신이 홍 부장이라고 가정하고, 당신에게 몇 가지 대안들을 제시해보겠다.

첫 번째 선택은, 그냥 조용히 넘어가는 것이다. 최 상무가 당부한 말이 있으니, 괜히 류 과장을 혼냈다가 최 상무 귀에 들어가서 곤란해질 수 있다.

두 번째 선택은, 성질나는 대로 일단 행동하는 것이다. 이런 행동은 온순한 홍 부장의 성향에 맞지는 않지만, 그래도 이번엔 류 과장을 불러서 호되게 꾸중한다.

세 번째 선택은, 후일을 기약하며 류 과장의 이번 행동을 마음속 깊이 기억해두는 것이다. 당장 류 과장을 혼내는 행동은 너무 직접적일 수 있으니, 류 과장이 허점을 보이거나 실수를 할 때까지 감정을 감춰둔다.

네 번째 선택은, 수일 내에 류 과장과 정식으로 면담을 시도한다. 그냥 넘어가기에는 상당히 찝찝하다. 짚고 넘어갈 건 짚고 넘어가야 이후에 동일한 상황이 발생하는 걸 막을 수가 있다.

당신의 선택은 몇 번째 방법인가? 사실 이 상황에서 하나로 딱 떨어지는 정답은 없다. 홍 부장이 몸담고 있는 회사의 분위기가 어떠냐에 따라, 홍 부장 및 류 과장의 능력과 회사에서의 입지 등에 따라 정답이 달라질 수 있다. 그러나 일반적인 직장 내 감정전략을 고려할 때, 가장 현명한 행동은 네 번째일 가능성이 높다.

　우선 첫 번째 선택부터 살펴보자. 첫 번째 선택을 할 경우, 다음부터 류 과장은 대놓고 홍 부장을 무시할 수도 있다. 이번 한 번만 류 과장이 이런 식으로 행동하고, 다음부터는 그러지 않을 거라고 볼 수 없다. 한 번 일어난 일은 지속적으로 반복될 가능성이 높다. 초반에 홍 부장이 그냥 넘어갈 경우 더더욱 그렇다.

　두 번째 선택은 어떨까? 이는 너무 감정적이다. 직장에서 감정, 특히 부정적 감정을 지나치게 표현하며 쏟아내는 경우, 결코 본인에게 이롭지 않다. 최 상무 방에서 나온 홍 부장이 흥분하여 류 과장을 불러서 바로 꾸중할 경우, 류 과장은 자신의 잘못은 잊은 채 홍 부장에게 악감정을 가질 수 있다.

　'자기가 우유부단해서 제대로 결정을 못 내리니까 내가 그런 거잖아. 지금도 자격지심 때문에 나한테 화풀이하고 있어!'

　결국 홍 부장은 류 과장의 잘못을 깨닫게 하지도 못한 채, 류 과장을 비롯한 직원들에게 감정에 휘둘리는 상사로 인식되고 만다. 자칫, 자신이 무시당해서 길길이 날뛰는 모습으로밖에 안 보인다.

　세 번째 선택은 '두고보기' 전략이다. 이번 일을 잊지 않으면서, 류 과장을 손볼 기회를 엿보는 셈이다. 그래서 류 과장이 업무상 실수를 저질렀을 때, 이번 일까지 더불어 일종의 복수를 하는 것이다. 홍 부장이 류 과장의 직속 상사이니, 마음만 먹으면 안 좋은 인사고과를 줄 수도 있다. 그러나 이 방법은 홍 부장 자신뿐 아니라 팀 전체에 부정적인 방법이다. 자신이 함께 일하는 부하 직원을 신뢰하지 못하고 실수 거리만을 찾다 보면, 업무 진행에 차질이 생긴다. 시너지도 물론 생기지 않는다. 부장과 과장의 팀워크가 깨지니, 팀원들의 사기가 올라갈 리 없다.

마지막 네 번째 선택이 현명한 행동이다. 이번 건이 발생한 후 며칠 지나서, 류 과장에게 면담을 하자고 말한다. 그런 후, 바로 면담을 시작하지 말고 반나절에서 하루 정도 시간을 가진다. 여기에는 두 가지 이유가 있다. 첫째, 홍 부장 스스로의 감정관리를 위해서다. 바로 류 과장의 얼굴을 보며 이야기를 시작하면 흥분할 가능성이 높아진다. 감정에 압도당하면, 막상 해야 할 말은 못하고 성질만 내다 끝날 수 있다.

두 번째 이유는, 류 과장으로 하여금 상황을 돌아볼 시간을 주기 위해서다. 면담하자는 이야기를 들은 류 과장은 그 이유에 대해서 나름대로 생각을 하게 될 것이다. 제 딴에는 최 상무에게 일종의 고자질을 한 것에 대해 변명거리도 생각하고, 자신이 일하면서 얼마나 힘든지에 대해서도 정리하게 된다. 모두 바람직하다. 사전에 생각한 후 면담에 임하도록 하는 게 좋다. 면담을 시작하면, 이야기를 빙빙 돌릴 필요가 없다. 홍 부장처럼 마음이 유한 사람들의 특징은 막상 상대방이 앞에 있으면 마음이 약해진다는 것이다. 안타깝게도 그런 점을 부하 직원들이 악용하는 경우들도 있다. 그러니 단호해질 때는 단호해져야 한다.

"류 과장, 이번에 해외연수프로그램 건 말이야, 피차 다 알고 있지만 한번은 이야기해야 한다고 생각해서 오늘 면담을 잡은 거야."

면담의 주제를 분명히 하며 대화를 시작한다. 홍 부장을 어느 정도 만만하게 본 류 과장이라 하더라도, 상사는 엄연히 상사다. 류 과장은 내심 긴장할 것이다. "류 과장, 그런 식으로 행동하면 안 되는 거야. 알아?"라고 대놓고 말하지는 않는다. 먼저 류 과장의 생각을 묻는다.

"류 과장은 이번에 했던 본인의 업무처리방식에 대해 스스로 어떻게 생각해?"

류 과장의 급하고 공격적인 성향상, 류 과장은 자신의 답답했던 상황과 홍 부장의 느린 업무스타일, 그리고 해당 건의 다급한 처리 일자 등에 대해 말할 것이다. 이에 감정적으로 욱해서 류 과장의 말을 전면부인하지는 말자. 인정할 건 인정해준다. 다만, 류 과장의 업무처리방식에 문제가 있었음을 분명히 지적한다. 만약 류 과장이 끝까지 자신의 잘못을 인정하지 않을 경우, 억지로 설득시킬 필요는 없다. 직장생활을 하다 보면, 일반적인 상식이 통하지 않는 사람들을 종종 만난다. 자신의 입장만을 생각하고 이기적으로 행동하는 사람들이 있다. 류 과장이 이런 부류에 해당될 경우, 홍 부장은 앞서 제시했던 네 가지 선택들 중, 세 번째 선택을 할 수도 있다. 직속 상사를 무시하고 업무체계를 무너뜨리는 행동은 결코 팀과 조직에 바람직하지 않기 때문이다. 반면, 류 과장이 "그 부분에 대해서는 사과드립니다, 부장님"이라고 말을 한다면, 사과는 받아들이되 분명히 못을 박아야 한다.

"다시는 이런 일이 발생하지 않도록 주의해요."

우리는 살면서 "좋은 게 좋은 거야"라는 말을 자주 듣는다. 그러나 직장생활을 하다 보면, 좋게 그리고 유하게 넘어가는 게 반드시 좋은 것만은 아니다. 조직의 질서를 무너뜨리거나 팀에 부정적 영향을 미치는 직원에게는, 필요하다면 단호함을 보이는 것이 상사의 지혜로운 감정전략이다.

4

지혜로운 사람은
감정도 공부한다

비교를 멈추고
'의미'부터
찾아야 하는 이유

우리나라 속담에 "개같이 벌어서 정승같이 산다"는 말이 있다. 벌 때는 힘이 들고 고되지만, 궂은일 가리지 않고 열심히 일하면 나중에는 돈을 많이 벌어 정승처럼 떵떵거리면서 살 수 있다는 의미다. 그런데 요즘은 속담에 나와 있는 말처럼 "개처럼 일해도" 돈이 모이지가 않는다. 돈 버는 게 쉽지 않은 세상이 되었다.

일반적으로 회사에서 가장 높은 사람인 CEO나 사장 들은 얼마를 벌까? 미국에서 조사한 통계결과를 보면, CEO는 평균적으로 미국 내 정규직 근로자의 260배를 번다. 심지어 일반 근로자 한 사람이 1년 내내 버는 평균임금을 하루에 버는 CEO도 있었다. 최고 경영진과 일반 근로자들 간 임금의 차이는 2000년대를 넘어서면서 더 격차가 심해지고 있다. 1995년부터 2005년 사이에, CEO의 임금은 300%가 올랐지만 일반 근로자들은 5% 정도의 상승에 그쳤다. 기업의 전반적인 수익률은 같은 기간 내에 100% 가까이 올랐는데도 말이다. 굳이 이런 통계자료들을 찾아보지 않더라도, 직장을 다니는 사람들은 누구나 안다. 내 월급에 비해 사장, 상무, 부장은 대략 몇 배를 받고 있는지 말이다. 온갖 자질구레한 일들은 다 내가 하는데, 직급이 높다는 이유로 월급을 많이 받아가는 상사들을 보면 속에서 열불이 난다. '내가 정말 이 돈 벌려고 죽어라 공부해서 대학 들어가고 취업했나' 하는 생각이 들어, 회사를 때려치우고 싶어진다.

그런데 CEO나 직급이 높은 상사들의 입장에서는 또 말이 다르다. 일반적으로 직급이 낮을수록 퇴근 후 개인적인 시간과 사생활이 더 잘 보장된다고 말한다. 막상 본인들은 퇴근해도 퇴근을 한 게 아니라고 주장한다. 본인들이 받는 월급 안에는 '내가 이 팀과 조직을 잘 운영해나갈 수 있을까' 하는 미래에 대한 걱정, 10년 후 회사의 먹거리를 계속 생각해야 한다는 부담감, '직원들 간의 갈등을 어떻게 해결해야 할까'에 대한 답답함 등이 들어 있다고 본다. 퇴근해도 퇴근한 것이 아니며, 쉬어도 쉬는 것이 아니라고 입을 모은다. 틀린 말은 아니다. 사실은 그런 고민들을 제대로 하라고, 회사에 대한 부담을 더 많이 가지라고 월급을 더 많이 주는 것이기도 하니까.

조직 내 행동을 연구하는 동기부여이론들 중에서, 공정성이론Equity

theory이라는 것이 있다. 스테이시 애덤스가 제시한 공정성이론에서는, 사람들은 자신의 업무와 관련해서 보상을 받았을 때 이를 다른 사람과 비교하면서 공정한 것인지를 끊임없이 생각한다고 본다. 즉 '자신이 노력한 것에 대해 받은 보상'을 '상대방이 노력한 것에 대해 받은 보상'과 비교했을 때 불공정하다고 느끼면, 이를 수정하고 싶어 한다는 것이다.

이때, 개인의 노력은 업무를 할 때 들어가는 개인의 노동, 시간 등의 투자를 의미한다. 한편 받은 보상에는 돈, 복지혜택, 칭찬과 인정, 승진 등이 포함된다. 사람들은 자신이 얼마를 받았고 승진을 했느냐의 여부도 중요시하지만, 그와 동시에 상대방은 얼마만큼의 보상을 받았는지에 대해서도 큰 관심을 갖는다. 그래서 본인이 투입한 노력이 상대방의 노력보다 더 크다고 생각하는데, 받은 보상이 상대방에 비해 적다고 느끼면 불공정함을 느끼고 이를 해소하기 위한 여러 가지 방법들을 시도한다. 예를 들면, 근무시간에 게임을 하거나 딴짓을 하는 것, 주말근무나 야근 등을 하지 않는 것 등 업무에 대한 시간 투자나 노력의 정도를 줄이기도 한다.

그런데 이때 재미있는 현상이 나타난다. 나의 노력에 비해 과하게 보상을 받았다고 생각하는 경우에는 사람들의 행동이 또 달라진다. 옆자리의 김 대리가 더 열심히 일했다는 걸 아는데도 내가 김 대리보다 더 많은 보상을 받은 것에 대해서는 의도적으로 다른 해석을 하려고 한다. 즉, '알고 보면, 나는 김 대리보다 업무집중도가 더 높지! 같은 시간 안에 더 효과적으로 일을 한단 말이야!'라고 합리화하거나, '김 대리가 맡은 업무보다는 내가 하는 업무가 회사에서 더 중요한 일이잖아. 그러니 내가 더 많은 보상을 받는 게 당연해'라고 생각하기 시작한다. 결국, 사람은 자신의 상황에서 일어나는 일들을 주관적으로 해석할 수밖에 없는 것이다.

  나는 내 직급에서, 부장은 부장의 직급에서, 그리고 사장은 사장의 직급에서 나름의 고충과 불만, 두려움과 답답함을 느끼며 직장생활을 하고 있다. 누구 하나 거저 돈을 버는 사람은 없다. 냉정히 말해, 조직은 일하는 만큼 대가를 지불하는 그런 곳이다.

  한때, C회사에서는 신입사원 초봉을 얼마 준다더라, 명절 때마다 고급가전기기들을 직원들에게 복지 차원에서 선물로 준다더라 등의 이야기가 분분했던 적이 있었다. 그 회사에 다니지 않는 대부분의 직장인들에겐 너무나도 부러운 일이었다. 명절이라고 얼마 되지도 않는 상여금을 주거나 그마저도 목표 달성을 못 하면 받지 못하는 우리 회사의 현실을 보면서, '학교 때 더 열심히 공부해서 C회사 같은 곳에 들어갈 걸' 하고 가슴을 쳤다. 하지만 C회사에 다니는 직원들의 이야기를 직접 들어보면 마냥 부러워하기만 할 문제도 아니다. 그 정도의 보상을 해주는 만큼 몇 배로 쥐어짜는 느낌이다. 실적에 대한 압박감으로 밤에 잠을 잘 수가 없다는 말들을 나는 C회사 직원들에게 직접 들었다.

  사람마다 성공과 행복의 기준이 다르다. 누구는 돈을 많이 벌고 성취감을 강하게 느낄 수 있어야 행복하고, 누구는 아침마다 출근할 직장이 있고 퇴근 후 가족들과 함께할 시간이 확보돼야 행복하다.

내가 현재 직장에서 얼마를 받고 있느냐로 모든 걸 결정하지는 말자. "이깟 돈 벌자고…", "내 가치를 너무 몰라줘!" 하면서 선불리 회사를 그만두지 말자. 돈을 적게 받아서 회사를 그만두고 다른 직장에 들어갔는데, 돈은 많이 받지만 막상 본인의 적성에도 안 맞고 숨 쉴 틈도 안 주는 분위기라면 당신은 또 회사를 그만두어야 한다.

진정으로 중요한 건, 현재 내가 있는 그 자리에서 의미를 찾은 후 본인이 더 많이 행복해질 수 있는 방향으로 미래의 계획을 세우는 것이다. 돈으로, 월급으로, 상여금으로 주위 직장인들과 단순비교하며 불만을 품기 시작하면, 당신이 속한 회사의 상사와 동료, 부하 직원들은 당신의 마음을 금세 알아차린다. 몸은 속해 있지만 마음은 이미 붕 떠버린 당신에게 회사는 더 이상 일을 맡길 수가 없고, 직장 사람들은 당신과 협업할 수가 없게 된다.

요즘과 같은 세상에, 돈은 중요하다. 돈이 많으면 하고 싶은 것도 할 수 있고, 소중한 사람들을 위해 베풀 수도 있다. 그러나 직장생활에서 돈이 다는 아니다. 당신이 있는 그 직급과 그 자리에서, 당신이 누릴 수 있는 혜택들을 찾아 의미를 부여하고 즐기면 된다.

'**처음 느낌**'대로의 해석은 **금물**

'아, 정말 비호감이야.'
'내가 안 좋아하는 스타일이네.'
'왠지 별로일 것 같아.'

사람들은 누군가를 만났을 때 상대방을 인지하는 나름의 노하우를 갖고 있다. 일종의 인지시스템Perception system이다. 무언가를 인지한다는 건, 사람이나 대상으로부터 얻은 정보를 해석하는 일종의 프로세스다. 보는 순간, 자신의 인지시스템 내에서 주관적으로 상대에 대한 해석을 시작한다. 이때 사람마다 해석하는 프로세스는 세 가지에 따라 달라진다. 우선 해석을 시작하는 본인의 경험과 성격, 가치관 등에 따라 달라진다. 당신이 사람과 사귀는 걸 좋아하고 우정을 중요시하는 성향을 갖고 있다면, 상대방이 스스럼없이 대할 때 호감을 느끼게 된다. 반면에, 상대방이 낯가림하며 당신과 눈을 잘 맞추지 않는다면 비호감으로 인식할 수 있다. 두 번째로, 주변 환경에 따라 인식이 달라진다. 정 과장이 옆 부서에 있을 때는 꼼꼼하게 일을 처리하는 방식 때문에 마음에 들었었는데, 우리 부서로 이동해온 후부터는 그 꼼꼼함 때문에 숨이 막힐 것 같고 갑갑해진다. 주위 환경이 바뀌면, 상대에 대한 해석도 달라진다. 세 번째로, 인식되는 상대방의 특성에 따라 다르게 느낄 수 있다. 상대방의 키, 몸무게, 옷 색깔, 행동 등에 따라 다르게 인식되는 것이다.

결국, 내가 싫어하는 상대방의 특징들과 성향들은 나의 과거 경험과 성격, 주변 환경, 상대방의 특징들 때문에 일부는 왜곡되고 과장되어 내게 인식됐을 수 있다는 말이다. 100% 상대방의 탓만은 아니라는 것이다. 사람의 인식은 이렇듯 믿을 바가 못 된다. 분명한 한계가 있다.

그리스신화에 피그말리온이라는 조각가의 이야기가 나온다. 피그말리온은 온갖 정성을 기울여 여인상 조각을 완성한다. 그런데 다 끝내고 보니, 자신이 조각했지만 너무도 아름다운 여인상에 그만 반해버리고 만다. 그래서 몇 날 며칠 밥도 먹지 않고 조각상 앞에 앉아서, 그 여인상이 실제 사람이 되기를 간절히 기도한다. 그 사실을 안 사랑의 신 아프로디테가 여인상을 실제 여자로 만들어주었다는 이야기다.

특정 대상에 대한 막연한 기대가 실제로 현실화되었다는 데에서 이를 피그말리온 효과Pigmalion effect라고 한다. 이러한 효과는 당신과 당신이 함께 일하는 사람들에게도 동일하게 적용되고 있다. 당신이 당신 동료에 대해 갖는 막연한 기대는 상대방의 태도와 행동을 당신이 원하는 방향으로 인도한다. 부하 직원을 보며 '보나 마나 일 처리가 허술하겠지'라고 생각하면, 이상하게 그 부하 직원은 일을 부실하게 처리한다. 상사를 보면서 '이번에도 내 인사고과를 엉망으로 줄 거야'라고 생각하면, 상사는 마치 계시라도 받은 듯 내 인사고과를 C등급으로 깔아놓는다. 그래서 피그말리온 효과를 자성적 예언효과 Self-Fulfilling prophecy라고도 한다. 알고 보면, 피그말리온 효과는 무서운 현상이다.

나 자신을 위해서라도 상대방을 처음 만났을 때 이왕이면 긍정적으로 인식하고 받아들이는 것이 중요하다. 어차피 좋든 싫든 하루에 8시간씩 얼굴 보며 일해야 하는 직장 사람들이다. 내가 상대방을 어떻게 인식하느냐에 따라, 함께하는 시간 동안 내 마음이 편안할 수도 있고 불편할 수도 있다. 인간이 사물이나 대상을 바라보는 관점과 받아들이는 인식은 불완전하다. 오죽하면 "제 눈에 안경"이라고 했을까. 처음에 상대방에게 호감을 느끼지 못했다면, 지속적으로 상대방의 장점을 찾아가며 관계를 형성해야 한다. 상대방이 이유 없이 싫었다면, 싫은 이유들을 자꾸만 찾아내는 것이 사람 마음이다. 싫은 이유에 대해 근거를 찾아내는 지속적인 합리화가 필요하기 때문이다. 그렇게 될 때 가장 힘들어지는 건 상대방이 아닌 나 자신이다.

잘하고 싶다면 **다짐**을 멈춰라

누구나 일을 시작할 때는 나름대로 잘해보고 싶은 마음이 있다. 나태한 사람이든 선천적으로 움직이기를 싫어하는 사람이든 간에, 일단 시작하면 성공적으로 목표를 달성하고 싶은 욕구를 가지고 있다. 데이비드 맥클리랜드는 1940년대에 성취동기이론Achievement motivation theory을 제시하면서 인간의 기본적인 세 가지 욕구를 발표했다. 세 가지 욕구는 바로 성취에 대한 욕구, 친밀에 대한 욕구, 권력에 대한 욕구이다. 맥클리랜드는 이러한 욕구들이 업무에 대한 선호도와 밀접하게 연관이 되어 있기 때문에, 조직의 리더들은 직원들의 욕구들을 잘 파악하고 이를 충족시켜주어야 한다고 주장했다. 그런데 보다시피 인간의 기본욕구 중 하나가 성취욕구이기 때문에, 누구나 성취에 대한 갈망은 어느 정도 있다. 대부분의 사람들은 목표로 한 일을 깔끔하게 끝내고 맛보는 뿌듯함, 스스로에 대한 자랑스러움 등을 느끼고 싶어 한다.

그런데 문제는, 이처럼 '잘해보겠다'는 욕심이 생기면서 자꾸만 일이 꼬인다는 점이다. 잘해보자고 결심한 후부터, 별문제 없이 돌아가던 노트북이 다운되고, 정리해두었던 파일함을 찾을 수가 없다. 어제까지 잘 도와주던 정 주임이 오늘부터 바빠져서 업무 지원을 해주기가 어렵다고 말한다. 제대로 일 좀 하려고 주말에 회사에 출근했는데, 갑자기 콧물이 나오고 머리가 아픈 게 영락없는 감기다. 대체 왜 이러는 걸까! 사실, 상황이 달라진 건 별로 없다. 내 마음이 바뀌었을 뿐이다. 편안한 상태에서 전투적인 상태로 말이다.

많은 사람들이 하는 착각이 있다. 철저하게 준비하고 비장한 결심으로 시작하면 일이 일사천리로 진행될 것 같은 착각. 그런데 오히려 만반의 준비를 하고 온몸에 전투력을 강화하고 나면, 원래 계획했던 대로 진행되기보다는 예상 밖의 방향으로 흘러갈 때가 많다. 원래 이러려던 게 아니었는데, 자꾸만 어긋난다. 그리고 그 주된 원인은 내 마음 속에 있다.

운동선수들이 열심히 훈련한 후 실제 경기에 들어갈 때, 코치가 반드시 해주는 말이 있다.

"긴장을 풀고 원래 하던 대로 해. 그러면 돼!"

정답이다. 긴장을 하면 사람 몸은 경직된다. 근육이 뻣뻣해지고 어깨와 턱에 힘이 들어가면서 유연성이 떨어진다. 우리도 마찬가지다. 잘해보겠다는 지나친 부담감을 갖고 업무에 임하면, 막상 업무에 대한 집중도가 떨어진다. 실수하면 안 된다, 놓치는 것이 있어서는 안 된다는 일종의 강박관념 때문에 오히려 눈앞에 뻔히 보이는 것도 못 보고 지나간다.

정말 일을 잘해야 하는 순간이 있다면, 이렇게 스스로에게 속삭여줘야 한다.

'노력하자. 안 되면 그거야 어쩔 수 없는 노릇이고.'

이건 최선을 다하지 않겠다는 의미가 아니다. 결과에 대해 책임을 지지 않겠다는 무책임한 생각도 아니다. '반드시 잘해야 해! 그렇지 않으면 큰일 나!'라는 생각이 자신의 발목을 잡지 않도록 의식적으로 조심하는 것이다.

많은 부모들이 아이들에게 이렇게 이야기한다.

"최선을 다해봐. 그러다 안 되면 할 수 없는 거지."

그런데 이 말에도 어폐가 있다. 이 말은 앞서 '노력하자. 안 되면 그거야 어쩔 수 없는 노릇이고'와는 뉘앙스가 분명 다르다. 최선(最善)이라는 의미는 온 정성과 힘이라는 뜻을 담고 있다. 가장 좋고 훌륭한 상태를 최선이라고도 한다. 그런데 "온 정성과 힘을 다 쏟아 가장 좋고 훌륭한 상태를 만들어라. 그렇게 했는데도 안 된다면 그건 진짜 안 되는 것이다"라고 말하는 건 잔인하다. 주말에 아내가 가족들을 위해 밥을 차리고 있다. 이때 남편이 아내에게 한마디 한다.

"여보, 가족들 밥 차리느라 힘들지? 그냥 최선만 다해. 그게 중요한 거지."

사람이 어떻게 하루 세끼 밥을 차릴 때마다 최선을 다할 수 있을까. 최선을 다한다는 건 그렇게 만만한 게 아니다. 온 정성과 힘을 다해 매번 가장 좋고 훌륭한 밥상을 차리는 것이 과연 가능할까. 물론, 요리 만드는 것을 매우 좋아하거나 특별히 의미를 두는 사람이라면 그럴 수도 있다. 하지만 일반적으로, 한 끼 정도는 찬밥에 김치 썰어서 남은 반찬 넣어 비벼 먹고, 라면으로 때우기도 하고, 자장면을 시켜먹을 수도 있지 않을까. 최선을 다하자는 말은 본인 스스로에게나 상대방에게 섣불리 할 말은 아니다. 부담스러운 단어다.

어떤 일을 잘하고 싶다면, 마음의 힘부터 빼자. 꼭 잘해야만 한다는 결연함, 부담감을 내려놓으면 마음이 가벼워진다. 생각과 몸이 더 유연해진다. 몰입이론Flow theory으로 유명한 헝가리인 심리학자 미하이 칙센트미하이는, 몰입을 하면 시간과 공간, 심지어 자신에 대한 생각조차 잊게 되는 심리적 상태에 이른다고 말했다. 주변 상황과 스스로에 대한 지나친 기대감을 잊고 몰입하면 더 큰 성과를 낼 수가 있다. 불필요한 감정에 에너지를 빼앗기지 않으니, 정작 중요한 곳에 더 집중할 수가 있다. '반드시, 기필코, 꼭'이라는 단어들은 이 순간부터 잊어버리자. 그것이 몰입이 잘되는 가장 빠른 길이다.

피할 수 없는

권태기에

대처하는 법

처음 회사에 입사했을 때는 모든 것이 낯설다. 사람도, 맡은 일도, 건물도, 책상 자리도 모두 어색하고 편하지 않다. 그러다가 한 달 두 달이 가고, 2~3년이 훌쩍 지나가면 오히려 내 집보다 더 익숙해지는 곳이 바로 회사다. 업무도 전후 프로세스와 절차를 이해하게 되고, 관련된 타 부서 담당자들과 함께 일하면서 업무 일정을 유연하게 조정한다. 딱히 특별한 것도 없고 그때그때 상황에 따라 크게 달라지는 것도 많지 않다. 같은 사무실에서 일하는 상사, 동료 들과도 별문제가 없다. 인격적인 장애가 있다고 생각될 만큼 뒤에서 내 뒤통수를 치거나 괴롭히는 사람도 없다. 그저 일하다가 부딪히는 사소한 업무상의 갈등, 함께 부대끼면서 느끼게 되는 작은 문제 정도만 발생한다.

그런데 요즘 들어 일에 재미가 없다. 매번 하는 자료수집도, 기사를 읽고 참고문헌을 정리하는 일도, 보고서를 만드는 일도 다 시들하다. 1년 전만 하더라도, 어떻게 해서든 제대로 된 기획안을 만들겠다고 열정을 쏟았었다. 회사에서 지원해주는 기획력향상과정도 신청해서 듣고, 창의적인 아이디어를 내는 발상법에 대해서는 온라인과정을 따로 신청해서 수강했다. 주말에도 '어떻게 하면 좀 더 멋진 기획안을 만들어낼 수 있을까?'를 고민하며 시간을 보냈다. 그것이 바로 1년 전 모습이다. 그런데 지금은 영 의욕이 안 생긴다. 대체 왜 이럴까. 이래도 되는 걸까. 계속 이런 상태에 머무는 것이 한편으론 걱정이 된다.

많은 부부들이 일정 시간 함께 결혼생활을 하다 보면 권태기를 겪듯이, 대부분의 직장인들 역시 일에서 권태를 느낀다. 일종의 슬럼프에 빠지는 것이다. 대개는 바짝 긴장했던 강도가 조금씩 풀어지는 입사 2~3년차, 그리고 대리 승진 후 회사와 업무에 대한 비판적 시각이 생기기 시작하는 4~5년차쯤에 슬럼프가 강하게 온다. 개인마다 성향과 강도의 차이는 있지만, 누구나 직장생활을 하면서 한두 번 또는 그 이상 슬럼프를 겪는다. 이런 슬럼프에서 얼마나 빨리 빠져나오느냐, 그리고 찾아오는 슬럼프를 얼마나 현명하게 해결하느냐에 따라, 본인의 직무만족도와 직장에서의 성공 여부가 달라질 수 있다.

목표설정이론Goal-Setting theory이라는 것이 있다. 성과를 내기 위해 업무목표를 개발하고 협상하며 구체화하는 방법을 제시한 이론이다. 미국의 심리학자이자 목표설정이론의 창시자인 게리 래섬과 에드윈 락은 "목적이 있는 행위는 생생한 활동의 핵심이다. 만약 목적이 분명하지도 않고 도전할 만하지 않다면, 목표 달성도는 급격히 떨어진다"고 말했다. 여기에서 핵심은 바로 "분명하지도 않고 도전할 만하지도 않은 목적"에 있다.

사람에 따라서는 매일 똑같이 반복되는 일상을 좋아하는 사람이 있다. 갑작스레 놀랄 만한 일이 발생하는 것을 싫어하고 평이한 삶의 패턴을 좋아하는 사람들이다. 반면, 틀에 박힌 듯한 일상을 못 견뎌 하는 사람도 있다. 끊임없이 일을 만들고 무언가에 도전해야 직성이 풀리는 부류의 사람들이다.

그런데 각자의 성향과 상관없이, 직장 업무에서는 일반적으로 목적이 정해져야 그것이 행동으로 이어지고 나름의 성취감을 맛볼 수가 있게 된다. 다시 말해 '일할 맛'을 느끼게 된다. 그래서 무조건 일이 손에 익숙해지는 것이 좋은 것만은 아니다. 때로는 무의식적인 습관이 우리의 삶을 편안하게 만들어주기도 한다. 운전하는 습관이 완전히 몸에 배어서, 회사에서 집까지 운전하고 오는 동안 어디서 좌회전하고 우회전해야 하는지를 의식적으로 생각하지 않고도 가능한 경우가 대표적이다. 그러나 직장생활에서는 이러한 상황이 때로는 매너리즘에 빠지게도 한다.

벌허스 프레더릭 스키너의 '스키너상자 실험'은 정말 재미있다. 스키

너는 흰쥐들을 대상으로 한 실험에서 흥미로운 결과를 얻어낸다. 오랜 시간 굶주린 흰쥐는 여러 차례의 경험을 통해, 두 가지 방법으로 먹이를 얻어낼 수 있다는 사실을 알아낸다. 우선 상자 구석에 있는 컵 속의 먹이에 입을 대고 먹는 방법이 있다. 또 다른 방법은 조정막대를 눌렀을 때 작은 철문이 열리면서 먹이가 공급될 때 먹는 것이다. 당연히 연구진들은 흰쥐는 얼마든지 쉽게 먹이를 얻을 수 있는 컵 속 먹이를 먹을 것이라고 예상했다. 그러나 실험했던 흰쥐들의 44%는 먹이를 먹을 때마다 조정막대를 누른 후 먹이를 얻은 방법과 컵 속의 먹이를 쉽게 얻는 방법을 대략 반반 정도로 택했다. 동물학자인 글렌 젠슨은 이런 성향을 컨트라프리로딩contrafreeloading이라는 말로 표현했다. 쉽게 얻는 먹이보다 노력해서 얻는 먹이를 더 선호하는 동물들의 성향을 나타낸 용어다.

지금 내가 하는 일이 싫지는 않지만 그다지 재미가 없다고 느껴진다면, 목표를 재정비할 때가 온 것이다. 그렇다면 어떻게 목표를 재정비해야 할까. 다음 세 가지 기준에 맞춰 각자의 목표를 정리할 수 있다.

첫 번째 기준은, 당신의 현재 업무 역량과 목표 수준을 고려할 때, 목표의 수준을 1.5배 정도 높게 세우는 것이다. 앞서도 말했듯이 목표 자체가 너무 쉬우면 흥미를 잃어버린다. 거저 주어지는 것은 매력이 없다. 사람이든 일이든 마찬가지다. 도전해봤자 100% 달성할 수 있는 뻔한 목표라면, 의욕을 불러일으킬 수가 없다. 3kg짜리 덤벨 들기 운동을 시작해서 요즘은 무리 없이 3kg을 들어 올린다면, 이제는 5kg으로 옮겨가야 한다는 신호다. 반면, 현재의 업무 목표보다 지나치게 높은 목표 설정은 오히려 의욕을 꺾어놓는다. 너무 복잡하거나 달성이 불가능해 보이는 목표도 바람직하지 않다. 고객을 만나 계약을 성사시킨 비율이 월 평균 60%에 해당하는 영업사원이, 자신의 열정을 불러일으키겠다고 계약 성사율을 월 500%로 세운다면 어떨까. 스스로 세워놓은 500% 달성이라는 목표를 볼 때마다 숨이 막힐 것이다. 목표 자체를 획기적으로 높게 잡으면 설사 그 목표 수준을 완벽하게 달성하지 못한다 하더라도 60~70%를 달성하게 된다는 일부 주장도 있다. 그러나 본인의 성향과 업계의 환경, 그리고 무엇보다 '내가 할 수 있겠다'라는 마음이 생길 수 있는 목표 수준으로 잡는 것이 현명하다.

두 번째 기준은, '구체적'인 목표다. 많은 사람들이 결심을 할 때 이런 문구를 써서 책상 앞이나 방문 앞에 붙여둔다.

"최선을 다하자! Do your best!"

이 문구를 볼 때마다 턱에 힘을 주며 주먹을 불끈 쥔다.

"그래, 나는 최선을 다할 거야!"

최선을 다할 거라는 생각은 좋다. 그런데 도대체 무슨 방법으로 언제까지 어떻게 최선을 다할 것인지에 대해서는 별로 생각하지 않는다. 이 문구는 그저 용기를 북돋는 자기 최면성의 글귀에 불과한 것이지, 제대로 된 목표라고 볼 수가 없다. 목표는 반드시 구체적이어야 한다. "올해에는 꼭 살을 뺄 거야!"라는 목표는 전혀 구체적이지가 않다. 좋은 목표란, "나는 한 달에 1kg씩 체중을 감량해서 세 달 동안 총 3kg의 살을 뺄 거야"와 같은 식이어야 한다. 목표가 구체적일수록 현재 느끼는 권태기에서 더 잘 빠져나올 수 있다.

세 번째 기준은, 목표를 달성했을 때 자기 자신에게 주는 보상이 분명해야 한다는 점이다. 업무와 관련하여 나름대로 세운 목표를 달성했다고 해도, 막상 조직은 몰라줄 수 있다. 내가 세운 목표를 더 잘 달성하려고 자격증도 따고 책을 여러 권 읽었지만, 상사는 그 사실을 모를 수도 있다. 그러다 보면 다시금 흥미를 잃어버리고 업무에 대해 무언가를 시도할 의욕이 사라진다. 그러나 보상은 반드시 회사만 줄 수 있는 건 아니다. 내가 세운 목표를 내가 잘 달성하고 있으면, 스스로에게 상을 주자. 내가 좋아하는 음식, 가고 싶은 곳, 사고 싶은 물건을 사주면서, "잘했어"라고 내 어깨를 두드려주자. 보상이 있어야 마음이 더 잘 움직인다.

미하이 칙센트미하이는 몰입을 가져오는 활동들이 갖는 특성을 세 가지로 요약했다. 명확한 목표가 있을 것, 정확한 규칙이 있을 것, 신속한 피드백이 주어질 것 등이다. 일상과 업무에 새로운 활기를 불어넣고 권태를 극복하는 방법은, 새로운 목표를 내 앞에 던져주고 그 목표를 이룰 수 있는 정확한 규칙을 정한 후 지속적으로 자신에게 피드백을 주는 것이다.

욱하는
것도
습관이다

　　세상에서 가장 다스리기 힘든 것 중 하나가 바로 '내 감정'이다. 분명 내 것이고, 내 몸 안에서 발생하는 감정들이지만, 좀처럼 내 뜻대로 움직이지 않는다. 프레젠테이션을 하다가 갑자기 준비한 말을 잊어버려 창피해하며 얼굴이 빨개진다든가, 좋아하는 사람 앞에서 가슴이 뛰어서 눈을 제대로 쳐다보지 못하고 할 말을 못 한다든가, 새로 맡은 프로젝트의 성공 여부를 두고 걱정에 밤잠을 설치는 등의 일들은 모두 '내 감정' 때문에 생기는 상황들이다.

　　이성적으로는 '그래서는 안 돼' 또는 '그런 행동은 옳지 않아'라고 생각하지만, 내 몸과 행동이 자꾸 그 반대 방향으로 움직이는 건 오로지 내 안의 감정 때문이다. 그런데 이 감정을 제대로 못 다스리면, 감정은 고삐 풀린 망아지처럼 내 안과 밖을 휘저으며 상황을 엉망으로 만들어 버릴 수가 있다. 특히 화는 강렬하고 에너지가 많은 감정의 종류에 속한다. 제대로 다루지 못하면 자신을 불태우고 나아가 주변 사람들에게도 피해를 준다.

최근 '화 다스리기'와 관련된 서적과 강연들이 넘쳐난다. 사람들이 이런 부분에 관심을 많이 갖는 이유는 딱 한 가지다. 그만큼 화를 다스리는 것이 어렵기 때문이다. 우리는 지금까지 오랫동안 학교 수업을 받고 사회에 나와서는 신입사원 교육, 승진 교육, 독서통신 교육 등 끊임없이 뭔가를 배워왔다. 하지만 눈앞이 하얘지며 속에서 열불이 치솟는 상황에서, 욱하고 올라오는 화의 감정을 어떻게 다뤄야 하는지에 대해서는 별로 배운 적이 없다. 그래서 뜨겁고 강렬한 화를 느낄 때마다 쉽사리 화에 압도당해 버린다.

여기서 한 가지 기억할 점이 있다. 화는 나쁜 감정이 아니다. 이유가 있어서 존재하는 감정이다. 그러니 화가 나는 것 자체가 문제는 아니다. 화가 날 때 이를 무조건 숨기려고 할 필요도 없다. 속으로 끙끙 앓으며, 다른 사람에게 표현 안 하는 게 능사만은 아니다. 화를 어떻게 현명하게 낼 것인지만 알면 된다.

욱해서 자주 화를 내는 사람들의 특징이 있다. 꼭 화를 내고는 그날 밤에 제대로 잠이 들지 못하고 뒤척인다는 것이다.

'내가 왜 그랬을까. 내가 너무 심했던 것 같아. 그렇게까지 할 필요는

없었는데.'

잠자리에 누워 후회를 시작한다.

'내일 사람들 얼굴을 어떻게 보지? 내가 그 순간 화가 나서 미쳤었나 봐. 너무 심했어….'

점점 자책감이 들며, 스스로 창피함을 느낀다. '다음부터는 이러지 말아야지. 절대 이러지 말자!' 하고 굳은 결심을 한다. 그러나 다음에도 비슷한 상황에서 똑같이 화를 내는 일들이 반복된다. 그리고 결국은 '나는 어쩔 수 없어. 원래 내 성격이 이런가 봐'라고 합리화를 하거나 스스로 포기하고 만다.

사람에게는 누구나 감정적 습관Emotional habit이 형성되어 있다. 예컨대 누군가는 따뜻한 커피 한잔, 좋아하는 종류의 소설책 한 권, 바다가 보이는 창가 자리, 화창한 날씨 등의 조건이 주어지면, 습관적으로 행복을 느낀다. 한편, 사정없이 차가 막히는 퇴근길, 아파트 정문 옆에 냄새를 풍기며 쌓아올려져 있는 음식물 쓰레기 더미, 1층이 아니라 꼭대기 층에 가서 멈추어 있는 엘리베이터, 아내의 잔소리와 아이의 울음소리 등의 조건이 주어지면 짜증이 확 몰려온다. 이는 모두 각자의 감정적 습관과 패턴 때문이다.

화의 경우도 마찬가지다. 화는 특히 강도가 높은 감정이라 한번 발생하면 경험으로 뚜렷이 기억되며, 고정적인 패턴으로 쉽게 자리를 잡는다. 그래서 특정한 상황과 조건이 주어지고, 누군가가 여기에 약간의 행

동만 가미하면 바로 화의 불길이 치솟게 된다.

　밤에 누워서 후회하는 횟수가 늘어난다면, 그건 당신이 순간적으로 치밀어 오르는 화를 다스리도록 노력해야 한다는 걸 의미한다. 어떻게 하면 욱하는 감정을 잘 다스릴 수 있을까. 여러 가지 방법이 있다. 우선 쌓인 화를 풀기 위해 여행, 나들이를 가서 마음을 풀 수 있다. 좋은 방법이다. 마음의 스트레스가 크게 쌓여 있을수록 잦은 짜증이 난다. 짜증들이 쌓여서 큰 덩어리의 화가 된다. 그러니 산과 들로 나가 자연을 즐기는 여행은 마음에 여유를 주고 화의 습관적 고리를 끊는 데 도움이 된다. 운동은 어떨까? 매우 좋은 방법이다. 운동을 하면, 속상하고 열 받는 사건에서 몸을 움직이는 행동으로 생각의 초점이 이동하니, 화의 강도를 낮출 수 있다. 그뿐만 아니라 건강에 좋은 일을 했다는 생각 때문에 긍정적인 감정까지 생긴다. 목욕이나 사우나도 도움이 된다. 그 외에 자녀와 즐거운 게임을 하거나, 맛있는 음식을 먹으러 가는 방법들도 좋다. 그런데 문제는 회사에서 일하다가 순간적으로 화가 날 때, 여행, 운동, 사우나, 가족과 시간 보내기 등의 감정관리방법은 쓸 수가 없다는 점이다. 이럴 땐 어떻게 하면 좋을까?

　우선, 욱하는 당신이 첫 번째로 해야 할 일이 있다. 숨을 들이마셨다가 내쉬는 심호흡을 세 번만 하자. 상대방에게 화가 났을 때 바로 내 입에서 말이 나가면, 대개 그 말은 공격적이고 거친 말일 확률이 높다. 대개 욱할 때 나오는 말들은 그렇다. 몸의 에너지가 높아진 상태여서 일종의 흥분상태이기 때문이다. 그러나 흥분상태에서 하는 말과 행동은 실수로 연결되기 십상이다. 일단 말이나 행동을 하기 전, 심호흡을 세 번만 한다.

그런 다음, 10초 동안 스스로 두 가지 질문을 하고 답을 해본다. 첫 번째 질문은 '이 문제가 사생결단을 낼 만큼 중요한가?'이다. 회사는 이성을 매우 중요시하는 곳이다. 가정이나 동아리 모임, 자전거 동호회, 동창회 등과는 차원이 다르다. 그래서 섣불리 흥분하는 모습을 보이면, 이후 그 모습이 사람들의 뇌리에 깊이 박힌다. 얼굴이 벌게지고 말을 더듬고 손을 떨며 화를 내는 모습이 결코 보기 좋은 모습이 아니다. 사생결단은 죽고 사는 걸 돌보지 않고 끝장내는 것을 말한다. 사생결단까지 내야 하는 중대한 일이 아니라면, 순간적인 화는 오히려 내게 해가 되어 돌아온다. 만약 스스로 던진 이 질문에 대해 '사생결단을 낼 만큼 중요하다'라는 생각이 들면, 두 번째 질문으로 이동한다. 두 번째 질문은 '지금 내가 화를 내면, 이 상황을 바꿀 수 있는가?'이다. 내가 죽고 사는 걸 떠나 끝장을 보기 위해 덤벼드는데, 그래 봤자 바뀌는 것이 전혀 없다면 화를 내는 의미가 없다.

잦은 화에 스스로 후회와 자책감이 늘어나고 있다면, 위에서 말한 방법들을 적용해보자. 방법을 알아도 행동에 옮기지 않으면 아무 소용이 없으니, 위의 방법들 중 한두 개를 선택하여 오늘 당장 시작하자.

밝은 감정은
어떻게
전염되는가

내가 요즘 만나는 직장인들 중 적어도 절반 이상은 나만 보면 "우울하다"는 말로 대화를 시작한다.

"요즘 자꾸 우울해요. 원하는 대로 일이 잘 안 돼요."

"정말 좋아했던 사람인데, 그렇게 헤어지게 될 줄 몰랐어요."

"왜 내가 이런 대접을 받아야 하죠? 화가 났다가 우울해졌다가 제 마음을 종잡을 수가 없어요."

우울은 특히 직장인들에게 자주 찾아오는 감정이다. 얼마 전 취업포털 서비스 기업 잡코리아에서 직장인들이 회사에서 느끼는 감정에 대해 조사한 적이 있다. 평균적으로 직장인 10명 중 8명은 회사에 출근해서 우울함을 느낀다고 답했다. 특히 모든 직급을 통틀어, 과장급인 중간관리자가 가장 자주 우울함을 느끼는 것으로 나타났으며, 외국계 기업에 재직하는 근로자들이 공기업 및 국내 대기업과 중소기업 재직 근로자들보다 더 많이 우울해했다. 왜 유독 외국계 기업에 다니는 근로자들이 좀 더 높은 우울함을 보였던 걸까? 과다한 업무량뿐만 아니라 상사, 동료와의 관계에서 어려움을 느끼기 때문이라고 나타났다. 그리고 무엇보다 안타까운 것은, 이처럼 많은 직장인들이 회사 우울증을 겪고 있지만 특별히 이를 해소할 방법이 없다고 응답한 점이다. 직장인들은 우울함 해소 방법으로 그저 "다른 회사로 이직을 준비하고 있다"는 의견 정도를 냈다.

절이 싫으면, 스님이 절을 옮겨야 한다고들 말한다. 그런데 현실적으로 스님이 절을 옮긴다고 모든 문제가 해결되는 건 아니다. 대부분의 절들은 비슷한 분위기에서 비슷한 구성원들이 모여 비슷하게 운영된다. 회사도 마찬가지다. 내가 현재 맡은 업무 분야에 계속 종사하기 위해 다른 기업으로 이직한다고 해도, 시스템이나 분위기는 거기서 거기다. 크게 다르지 않다. 물론 정말 함께하기 힘든 상사 때문에 또는 너무 적은 연봉 때문에 이직할 수도 있다. 다른 곳에 가서 원만한 상사를 만나고 더 큰 보너스를 받을 수도 있다. 그런데 이는 정말 복불복이다. 회사를 옮겨서 좋은 상사를 만날 수도 있지만, 업무량은 이전보다 몇 배 더 많아질 수 있다. 더 많은 연봉을 준다고 해서 회사를 옮겼는데, 근무환경과 조건은 나와 전혀 맞지 않아 스트레스를 받을 수 있다.

당신 역시 회사에서 지내는 동안 우울함을 느끼고 있다면, 스스로 우울함을 다룰 수 있는 스킬부터 키워야 한다. 애초부터 힘들지 않은 직장생활이란 이 세상에 없다.

그렇다면 현대인과 직장인들이 이처럼 자주 느끼게 되는 우울이란 감정은 어떤 것일까? 우울이란, 몸과 마음에 활기가 없는 상태를 말한다. 한의학에서는 마음이 어둡고 가슴이 답답한 상태를 말한다. 우울함이 생기는 원인은 매우 다양하다. 때로는 후회 때문에 생기기도 하고 화가 난 다음에 오기도 하며, 죄책감이나 지나친 피로감으로 인해 생기기도 한다.

그런데 내가 만난 우울한 직장인들은 본인이 우울하다고 말하면서 하나같이 이런 걱정들을 했다.

"내가 왜 우울할까요? 이러다가 심각한 우울증으로 가는 건 아닐까요? 우울해하는 제 자신이 너무 싫어요."

우울하다고 느끼는 본인 스스로를 매우 못마땅하게 생각하면서, 다들 우울함에서 빨리 벗어나고 싶어 했다. 그런데 그러면 그럴수록 더 깊게 빠져드는 것이 바로 우울의 감정이다.

사람에겐 좋고 나쁜 감정이 없다. 우울 역시 마찬가지다. 대체 왜 본인이 우울함을 느끼고 있는지 그 이유를 찾지 못하면, 해결책도 없다. 당신은 왜 우울해하는가? 혹시 일이 너무 많아서 제대로 쉬지 못했는가? 주말에도 노트북을 들고 주변 커피숍에 가서 일했는가? 일하느라 시간이 없어서 식사도 잘 못 챙기고 김밥과 라면으로 계속 속을 채웠는가? 요즘 계속되는 접대 모임으로 저녁 11시 이전에 집에 들어와본 적이 거의 없는가? 인사고과를 앞두고 좋은 평가를 받기 위해 야근을 불사하며 몸을 혹사했는가? 우울은 바로 이런 상황에서 온다. 즉, 몸과 마음이 지쳤을 때 가장 먼저 오는 감정이다. 당신이 지금 우울함을 느끼고 있다면, 당신의 몸과 마음이 지쳐서 무언가를 할 의욕이 나지 않는다는 신호로 받아들이면 된다. 최근 당신의 몸 상태는 어떤지, 신경 쓴 일이 있었는지, 마음이 지치지는 않았는지 등을 돌아보고, 당신을 적극적으로 보호해야 한다는 신호다. 그래서 우울함은 무조건 피하고 느끼지 말아야 할 감정이 아니라, 고마운 감정이다. 우울의 감정이 아니라면, 당신 스스로를 보호해야 할 타이밍을 누가 당신에게 알려줄 것인가.

일본의 정신과 의사인 미야지마 겐야는 자신의 우울증을 치료하기 위해 정신의학 공부를 시작했다. 그러나 본인의 우울증을 제대로 치료하지도 못했고 환자들에게도 계속 약만 처방했다. 그러던 어느 날, 미야지마 겐야는 우울증에 대한 새로운 깨달음을 얻는다. 우울증을 극복하는 가장 좋은 방법은, 약이 아니라 몸과 마음의 평안함을 찾는 것이라는 점이다. 이 깨달음 이후, 미야지마 겐야는 본인을 오랜 시간 괴롭혔던 우울증에서 벗어났다.

정신과에서는 우울증을 겪는 사람들에게 약을 처방한다. 약이 중요하지 않다는 말이 결코 아니다. 우울증의 정도가 심해지면 전문의 상담을 통해 약을 처방받는 것이 중요하다. 그러나 무엇보다 중요한 건, 일상생활에서 우울한 감정에 대한 면역력을 스스로 키워야 한다는 것이다. 누군가 또는 무언가에 의존하지 않고도, 어두운 마음을 밝은 상태로 끌어올리는 힘이 내면에 있어야 한다.

이제, 직장에서 우울할 때 사용할 수 있는 몇 가지 좋은 방법들을 소개한다. 우선 가장 간단한 방법은 몸을 움직이는 것이다. 우울한 사람들에게는 특징이 있다. 몸을 움직이기 싫어한다는 점이다. 우울한 사람들은 대개 책상에 앉아 거의 몸을 움직이지 않는다. 사람들과 눈 마주치기를 꺼리고 점심도 사람들과 어울려 하기보다는 혼자 밥을 먹는다. 그러면 그럴수록 우울함 속으로 빠져들어 간다. 당신이 스스로 우울하다고 느끼면, 일단 책상 앞에만 쭈그리고 있지 말고 자리에서 일어난다. 커피를 타러 가든, 음료수를 사러 가든 몸을 움직인다. 점심시간에는 가까운 식당보다는 10~15분 정도 걸어서 갈 수 있는 음식점으로 이동하자. 걸어가는 동안 햇볕을 쬐는 것 역시 도움이 된다. 기분을 조절하는 신경전달물질인 세로토닌에 대해서는 이미 많은 사람들이 알고 있다. 그런데 세로토닌은 햇볕을 받으면 더 활발하게 생성된다. 그러면서 자연스럽게 기분이 회복된다. 몸을 움직이고 난 후에 다시 책상에 앉으면, 조금 전의 우울함보다 훨씬 나아진 감정 상태를 확인할 수 있을 것이다.

우울함에서 빠져나오는 또 다른 좋은 방법이 있다. 바로 독서다. 2013년 6월부터 영국에서는 의사들이 가벼운 우울증이나 심리불안 같은 가벼운 증상을 겪는 환자에게 약물 대신 자기계발서를 읽도록 처방하고 있다. 독서하는 것이 과연 우울증의 치료에 도움이 될까? 이 제도가 처음 도입됐을 당시 영국 내에서도 의견이 분분했다. 그러나 '책 처방'이 소개된 이후로 10만 명이 넘는 사람들이 의사 처방전을 손에 들고 도서관을 찾았으며, 영국 심리학회, 미국 〈보스턴 글로브〉와 〈메디컬 데일리〉 등 각국 학회와 언론이 책 처방에 대해 연이어 소개를 시작했다. 스스로 마음의 힘을 길러주는 다양한 자기계발서 등을 읽으면서, 우울한 감정에서 효과적으로 빠져나올 수가 있다는 내용이었다. 최근 우울하다면, 근처 서점이나 온라인서점에서 당신에게 용기와 힘을 줄 수 있는 책을 골라 구입하자. 그리고 마음의 에너지가 빠지고 어두워질 때마다 책을 펴고 읽자. 분명 도움이 될 것이다.

마지막으로 추천하고 싶은 방법은, 긍정적인 삶의 태도를 가진 사람들과 어울리는 것이다. 감정은 전염된다. 따라서 우울한 사람과 함께 있으면 더 우울해진다. 당신 주변을 둘러보고, 인생을 긍정적으로 바라보는 습관을 지닌 동료와 점심 약속을 하자. 로또복권에 당첨되지 않아도, 초고속 승진을 하지 않아도, 살아가는 소소한 일상생활에서 기쁨을 찾아내는 능력을 가진 사람과 잡담을 하고 식사를 하자. 자연스럽게 그 사람의 밝은 감정이 당신의 무거워진 감정을 끌어올려줄 것이다.

준비하고,

요구하고,

기다려라

　　우리가 직장에서 일을 하는 건, 회사에 공헌하고 팀의 성과를 높이고 자신의 몸값과 직무만족도를 높이기 위해서다. 꼭 누군가에게 보여주기 위해서 일을 하는 것만은 아니다. 하지만 주변을 살펴보면 10을 일하고도 100을 일한 것처럼 포장하는 사람이 있는가 하면, 100을 일하고도 10밖에 보여주지 못하는 사람도 있다. 열심히 일해 놓고도 생색을 못 내는 사람 입장에서는, 조금만 일해 놓고도 많은 일을 한 것처럼 보이는 스킬을 가진 사람들이 부럽기도 하다.

　　어떤 직장인은 이렇게도 말한다.

　　"굳이 꼭 생색을 내야 하나요? 저는 보여주기식으로 일하는 것 싫어해요."

나도 전적으로 동감한다. 주변을 의식하면서 하는 업무는 몰입도와 흥미가 떨어진다. 열심히 하다 보면 주변에서 알아보기 마련이고, 그래서 자연스럽게 몸값이 올라가는 것이 바람직하다. 그런데 문제는, 열심히 하는데도 주변에서 알아주지 않는 경우다. 당신은 아침 일찍 나와서 하루에 해야 할 일과를 정리하고, 불필요하게 시간을 낭비하지 않도록 일정관리를 한다. 회사에서 컴퓨터로 주식을 보거나 게임을 하거나 온라인쇼핑을 하는 경우도 거의 없다. 그렇게 열심히 하건만, 회사에서는 나를 알아주지 않는다. 상사조차도 내가 팀을 위해, 회사를 위해 어떤 노력을 기울이고 있는지를 모르는 것 같다. 억울하다.

만약 당신이 위의 상황과 비슷하다면, 당신은 자신을 드러내는 스킬이 부족한 것이다. 자신을 드러내는 것에 대해 거부감을 가진 직장인들도 있다. 그런데 지금 말하고자 하는 핵심은, 없는 걸 있는 것처럼 꾸며내라는 것이 아니다. 하지 않은 걸 한 것처럼 거짓말하라는 것이 아니다. 1을 해놓고 100을 한 것처럼 부풀리라는 것도 아니다. 그저 당신이 한 만큼을 상사에게, 그리고 회사에 알리라는 것이다. 당신이 올린 실적과 성과를 회사가 언젠간 알아주겠지 하고 기다리기엔, 시간이 아깝다. 그리고 당신이 잘해낸 일은 시간이 지나면서 쉽게 잊힌다.

너무 대놓고 당신의 노력이나 성과를 자랑하지 않으면서 효과적으로 당신을 알리는 방법이 있다. 상사가 거부감을 느끼지 않으면서 당신의 존재를 인식할 수 있게 하는 방법을 알아보자. 일종의 협상법으로 봐도 좋다.

우선 가장 먼저 당신이 할 일은 '준비하기'다. 준비하고 또 준비한다. 당신과 비슷한 업무 또는 업종에 종사하는 다른 사람들은, 어느 정도의 업무량을 가지고 있고 얼마만큼의 연봉을 받고 있는지를 조사한다. 인센티브 수준은 어떤지, 어떤 근무조건에서 일하는지 등도 알아본다.

그다음 단계로, 상사와 면담을 시도한다. 면담할 때는, 미리 자료를 준비한다. 당신이 달성한 목표나 성과를 제대로 이야기하지 못하는 성향이라면, 더더욱 문서로 준비해가는 것이 유리하다. 정리한 자료들을 토대로, 당신이 얼마나 가치 있는 사람인지를 상사에게 설명한다. 상사를 위해서 어떠한 노력을 기울였고, 팀의 경비절감을 위해 어떻게 행동했으며, 회사에 얼마만큼의 돈을 벌어주었는지를 이야기한다. 상사에게 이런 설명을 하는 것이 민망하고 쑥스럽다면, 정리한 자료를 한 부 더 복사해서 상사에게 건네준다.

당신의 업적을 설명했다면, 그다음이 중요하다. '요구하기' 단계로 넘어간다. 아무리 인간성이 좋고 착한 상사라고 해도, 울지 않는 아이에게 젖을 주지는 않는다. "요구하지 않으면 얻어낼 수 없다 Don't ask, don't get"는 법칙을 기억하고, 당신이 지원받고 싶거나 더 얻어내고 싶은 바를 분명히 이야기하자. 다만, 너무 성급해하거나 조급해하면 상사가 당황할 수 있다. 상사에게 본인이 원하는 바를 밝히고 상사의 답변을 차분히 기다리자.

그런데 만약 이렇게 했는데도 상사가 매우 부정적인 입장을 취하거나 당신의 가치를 인정하지 않는다면 어떻게 해야 할까? 인내심을 갖고 기다려본다. 상사와의 면담 후 '이럴 줄 알았어! 당장 그만둬야지!'라고 섣부른 결정을 내리지 말자. 감정에 휩싸여 성급한 결정을 내리면, 후회가 뒤따른다. 이직하는 것도 다 적당한 때가 있다. 마음에 안 든다고, 서운하다고 바로 직장을 그만두고 나오면, 그때부터는 '백수'라는 꼬리표가 따라붙는다. 직장을 옮길 때도, 현재 회사를 다니면서 이직해야 몸값을 높일 수가 있다. 마음의 여유가 있어야 현재의 회사와 옮길 회사를 꼼꼼히 비교하면서 현명한 결정을 내릴 수 있다. 사면초가 상태에서는 객관적인 의사결정이 힘들다.

우리는 살면서 아무런 대가를 바라지 않고 누군가를 섬기거나 봉사할 때가 있다. 그러면서 기쁨을 느끼고 삶의 보람을 찾는다. 그러나 직장생활은 다르다. 일한 만큼 명백한 보상이 주어져야 내가 지치지 않고 열정적으로 일을 계속할 수가 있다. 원하는 것이 있다면 요구해야 한다.

반대를
못하는 건
나약해서가 아니다

조직 내에는 눈에 보이지 않는 권위 즉, 파워power가 존재한다. 그리고 파워의 종류에는 회사의 공식적인 직급에서 생기는 직급·지위 파워, 전문성과 인격 등으로부터 나오는 개인적 파워가 있다. 상사는 일단 직급·지위상 파워를 갖는다. 상사가 전문적 기술을 가지고 있거나 인격적으로 존경할 만한 사람이라면 개인적 파워도 함께 가진다.

대개 파워는 직급이 높은 사람이 아랫사람에 대해 갖는 것이라고 생각하기 쉽다. 그러나 반드시 그렇지만은 않다. 파워의 원천이 어디에 있느냐에 따라 부하 직원이 상사에게 파워를 행사할 수도 있다. 정보 찾는 기술이 뛰어난 부하 직원은 컴퓨터 활용이나 검색 기술이 뒤떨어지는 상사에 비해 더 많은 정보 파워information power를 갖는다. 성격이 원만하고 배려심이 많아 주변 사람들에게 존경을 받는 직원은 일종의 롤모델로 여겨지면서 준거적 파워referent Power를 주위에 행사한다.

하지만 일반적이고 공식적인 파워는 회사와 상사가 일반 직원들에 비해 더 많이 갖고 있다. 입사하면서부터 우리는, 파워에 대해 복종하도록 조직 내 문화와 여러 가지 규칙들에 의해 알게 모르게 길들여졌다. 1960년대 학자 스탠리 밀그램의 파워에 대한 복종실험은 유명하다. 스탠리 밀그램은, 인간은 권위 있는 사람들의 명령에 복종하는 경향이 있으며, 그 명령이 타인의 생명과 관련된 것이라 하더라도 복종한다고 보았다. 스탠리 밀그램은 20대에서 50대까지의 다양한 연령층과 다양한 직업 종사자들을 대상으로 실험에 참여할 사람들을 모집했다. 그리고 이들을 두 개의 그룹으로 나눈 후 한 그룹은 '교사', 한 그룹은 '학생'으로 분류하였다. 학생이 문제를 풀다가 틀린 경우, 교사는 미리 학생에게 연결해놓은 전기장치를 통해 전기쇼크를 주도록 지시받았다. 학생이 문제 하나를 틀릴 때마다 가해지는 쇼크의 단계는 한 단계씩 높아졌다. 전기쇼크를 받은 학생 역할자의 비명을 들은 교사 역할자가 더 이상 못하겠다고 하면, 흰 가운을 입고 옆에서 지켜보던 실험자는 교사 역할자에게 이렇게 말했다.

"계속하세요. 당신이 계속해야 이 실험이 의미가 있습니다. 어서 계속하세요."

흰 가운을 입은 실험자로부터 계속하라는 말을 지속적으로 들은 교사 역할자의 몇 % 정도가 실험에 끝까지 참가하여 치명적인 전기쇼크를 학생 역할자에게 주었을까? 무려 65%였다. 이들은 전기쇼크의 단계가 매우 높은 수준까지 올라갔다는 걸 알면서도 전기쇼크 버튼을 눌렀다. 대체 왜 그랬을까. 바로 복종에 대한 인간의 성향 때문이다. 대표적인 실제 사례가 바로 나치다. 아돌프 히틀러는 독일뿐 아니라 전 세계 불행의 원인을 유대인에게서 찾았다. 히틀러가 총리로 취임한 이후, 잘못된 자신의 믿음을 주변에 전파하였으며 사람들은 맹목적으로 히틀러의 지시에 복종했다. 아우슈비츠에서 유대인을 학살하는 것이 명백한 비윤리적인 행위라는 것을 알면서도, 독일인들은 그의 명령에 복종했다.

당신의 상사가 아래와 같이 말했을 때, 그 지시에 복종할 것인지 아니면 거부할 것인지를 생각해보자.

"일요일에 나와서 보고서를 마저 끝내지."

"점심시간에 나가서 나 대신 백화점에서 ○○○를 좀 사다 줄래요?"

"내 동창 모임 회원 목록을 엑셀로 정리해서 이번 주 금요일까지 줄 수 있어요?"

"법인카드 사용 비용을 적게 쓴 걸로 고쳐줄 수 있어요? 이번 달에 너무 많이 쓴 것 같아서…."

앞의 질문들에 대해, 상사를 위해 이 정도는 해줄 수 있다고 생각하거나 일상적인 업무와 관련된 일인 경우에는 당신은 "알겠습니다"로 답할 것이다. 반면, 당신의 마음에 지나친 부담감이 생기거나 부당하다고 느끼는 경우에는 선뜻 대답이 나오지 않을 것이다. 이는 물론 개인의 성향에 따라 조금씩 다르기는 하다.

많은 직장인들이 '난 왜 이리 나약할까. 아무리 상사라지만 아닌 건 아니라고 이야기하는 것이 옳은데! 이미 나도 조직에 물들 대로 물들었나 봐!' 하며 자책을 하곤 한다. 하지만 앞서 스탠리 밀그램의 실험에서처럼, 우리가 상사에게 제대로 반대를 하지 못하는 건 파워에 대한 인간의 복종 성향 때문이다. 분명 상사의 의견에 불합리하고 비효율적인 부분이 있음에도 반대의견을 제시하기 어려운 건, 당신이 유난히 나약하거나 못나서가 아니다.

우리는 처음 회사에 입사할 때, 대부분 근로계약서를 작성한다. 그리고 그와 더불어 눈에 보이지 않는 심리적 계약Psychological contract도 함께 체결한다. 즉, 내가 회사의 일원으로서 이러한 일들은 의무적으로 할 수 있고 하겠다는 의지에 대해 마음의 사인을 하는 것이다. 그래서 특별히 강한 거부감을 느끼게 하는 상황이 아니라면, 회사나 상사가 요구하는 일이나 요구에 대해 수용하게 된다.

무조건적인 복종의 성향은 조직에 부정적인 문제를 불러올 수도 있다. 분명 불합리한 상사의 주장에도 입을 다물고 맞장구만 치는 팀은 장기적으로 살아남을 수가 없다. 합리적인 의사결정이 이루어지지 않기 때문에 경쟁력이 떨어지고 결과적으로 팀의 생존을 보장할 수가 없다. 이와 같은 문제들이 있기 때문에, 최근 많은 조직들은 열린 조직문화를 강조하기 시작했다. 자유롭게 자신의 의견을 피력할 수 있는 팀과 회의 분위기를 만드는 데에 주력하는 것이다.

회사의 나아가는 방향과 상사의 주장에 반대의견을 제시하지 못하는 것에 대해 너무 자책하지 말자. 당신이 줏대가 없고 소신이 없어서가 아니다. 서로의 생각을 자연스럽게 소통할 수 있는 기회와 분위기가 주어질 때 당신의 의견을 표현하면 된다. 상사의 의견을 따르는 것과 필요에 따라 당신의 목소리를 내는 것을 유연하게 선택해서 행동하면 된다.

5

가끔,
눈물은 버리고 간다

강한 자는
억울할수록
웃는다

　　상사에게 혼나면, 대번 눈물부터 글썽이는 직원들이 있다. 그중에는 여직원들이 상대적으로 더 많다. 남자 상사가 언성을 높이며 정색하고 나오면, 어쩔 줄 몰라 하다가 그 자리에서 눈물을 보이거나 화장실로 달려가서 운다. 직장생활하면서 잘못 처리한 일들에 대해 혼나면서 배우는 게 당연한데, 그게 서러운 것이다. 요즘 젊은 직원들은 혼나는 걸 무서워한다.

　　그 옛날 무서웠던 아버지의 이미지와는 달리, 오늘날 아버지들은 대부분 부드럽고 자상하다. 큰소리를 지르기보다는 시간 날 때마다 친구처럼 같이 놀아준다. 오히려 엄마에게 혼날 때 내 편을 들어주는 사람이 아버지다. 그러다 보니, 지금까지 자라면서 어른에게 엄하게 혼나본 적이 별로 없는 직원들이 많다. 특히나 남자 상사들로부터 혼날 경우, 여직원들은 지금까지 한 번도 경험해보지 못한 두려움을 느낀다.

화가 난 상사를 대하면서 느끼는 두려움에 대해서는 이해가 가지만, 직장에서 우는 모습을 보이는 건 매우 치명적이다. 직장에서 절대 하지 말아야 할 것 중 하나가 '눈물 보이기'다.

한 살 정도 된 아기는 한 달에 대략 65번 운다. 배가 고프거나 몸이 아파서 울기도 하지만, 자신을 바라봐 달라는 신호를 보내며 운다. 그러다가 언어가 발달하기 시작하면서 점차 울음의 횟수는 줄어든다. 네덜란드 심리학자 베흐트의 연구를 보면, 30개국의 대학생들 2,323명을 대상으로 조사한 결과, 남자는 한 달에 평균 1회 울고 여자는 2.7회 정도 우는 것으로 나타났다. 30개국 모두에서 공통적으로 나타난 결과는, 여자가 남자보다 더 자주 운다는 점이었다.

미국의 심리학자들은 여성이 남성보다 잘 우는 것에 대해, 여성과 남성 간 호르몬의 차이라고 보기도 한다. 눈물샘을 자극하는 프로락틴 prolactin이라는 호르몬이 여성에게 더 많기 때문에 자주 운다는 이야기다. 실제로 이 호르몬은 모유 생성을 촉진하는 호르몬이기도 하다. 그래서 여성이 나이가 들어 폐경기가 되면 프로락틴 호르몬이 줄어들면서 웬만해서는 울지 않는 등 이전보다 눈물이 마르는 경우들을 볼 수 있다. 물론, 미국이든 우리나라든 대부분의 사회가 여성의 울음은 관대하게 여기는 반면, 남성의 울음은 부정적으로 보는 것도 여성이 더 자주 우는 것에 영향을 미친다.

 호르몬의 문제든 사회통념의 문제든 간에, 통계적으로 여성은 남성보다 더 자주 울고 있다. 직장 내에서도 그렇다. 그런데 직장에서 우는 건 참 위험하다. 안 뱅상 뷔포는 《눈물의 역사》를 통해서 남자의 눈물을 폄하하는 현상이 유럽 19세기 초부터 나타났다고 주장했다. 그 전까지는 남자가 눈물을 흘려도 나약하다는 평가를 받지 않았으며, 사람들 앞에서 우는 것이 용인되었다는 것이다. 그런데 19세기부터는 눈물에 대한 부정적인 인식이 나타나면서 "눈물은 여자나 어린아이가 흘리는 것이야"라고 여겨지기 시작했다. 그리고 오늘날에 이르기까지 우는 것은 나약함과 무능력함, 상대방에 대한 지나친 의존감을 드러낸다고 믿게 되었다.

 오늘날 회사에서 바라는 리더의 상은 분명하다. 치열한 비즈니스 경쟁상황 속에서도 굴하지 않고 꿋꿋하게 헤쳐나가는 용기, 침체된 조직 분위기를 효과적으로 끌어올릴 수 있는 긍정성, 애매모호한 상황 속에서 최선을 다해 의사결정하는 단호함 등을 갖추기 원한다.

 처음에 부하 직원이 눈물을 보이면, 선배나 상사는 당황을 한다. '내가 너무 심한 말을 했나?', '혹시 내가 정도가 지나쳤나?' 하는 생각에 위압적인 태도에서 좀 더 부드러운 방식으로 바꾸기도 한다. 아까 혼낸 말은 진심이 아니었다고, 다 너를 위해서였다고 변명을 늘어놓기도 한다. 그런데 한 번의 눈물이 아니라, 두 번, 세 번, 그 횟수가 늘어날수록 상사

는 부하 직원의 눈물에 면역력을 갖게 된다. 게다가 직급이 올라갔는데도 여전히 눈물을 보이면, 주변 사람들은 짜증과 의심의 눈초리로 당신을 바라본다. '저렇게 나약해서 제대로 일이나 하겠어?', '팀을 운영하기에는 한참 모자라', '그만 좀 징징대지… 쯧' 등의 반응들을 보인다. 눈물을 흘리는 것 자체가 나쁘다는 말은 아니다. 오히려 슬플 때는 눈물을 흘리고 충분히 슬픔을 느끼는 것이 감정적으로 더 안전할 수 있다. 그러나 상사와 동료가 보는 앞에서 눈물을 흘리는 것이 현명한 감정적 행동인지에 대해서는 신중히 생각해볼 필요가 있다.

  마음이 힘들어 눈물이 난다면, 직장 사람들이 없는 곳에 가서 울자. 눈물은 여자의 무기라는 말은 연인 사이에서나 가능하다. 아무리 세상이 바뀌었다고는 하나, 직장은 나약함을 상징하는 눈물이 허용되지 않는 곳이니까.

감정을 담기엔 위험한 도구, SNS

SNS는 이제 그다지 새로울 것이 없는 용어다. SNS의 활용 방법이나 장단점에 대해서는 이미 온갖 방송과 언론, 학계에서 다룰 만큼 다뤘다. 쓸모도 많고 폐해도 많은 SNS는 그 유용함의 정도가 개인의 성향에 달려 있다. 아무리 SNS 시대라고 주변에서 떠들어대도 관심이 없으면 몇 번 해보다가 아예 신경을 꺼버린다. 반면, 하루에도 수십 번씩 사진이나 자료를 올리며 열성을 쏟는 사람들도 있다.

이처럼 SNS의 활용 여부는 개인이 알아서 하면 되지만, 그 위험성과 관련하여 직장인들이 꼭 알아야 할 점이 있다. 〈하버드 비즈니스 리뷰〉에서 인사 담당자들이 뽑은 "직장에서 직원들이 조심해야 할 것들" 기사에 SNS와 관련된 항목이 포함된 적이 있다. 아마도 직장인이라면 한

번쯤은 병가를 내고 여행을 가거나 집에서 낮잠을 즐긴 경험이 한두 번 있을 것이다. 나 역시 마찬가지다. 모 연구소의 연구위원으로 재직하던 시절, 아침에 일어났는데 그날따라 날씨가 무척 화창하고 창밖으로 보이는 나뭇잎들은 햇살에 비쳐 반짝이고 있었다. 나는 잠시 고민을 하다 본부장에게 전화를 걸었다.

"본부장님, 죄송한데요, 제가 몸이 안 좋아서 오늘 하루 병가를 내겠습니다."

전화를 끊고 나서 나는 곧장 좋아하는 책 한 권을 챙겨서 테라스가 좋은 커피숍으로 달려간 기억이 있다. 그런데 여기서 끝나면 좋은데, 이걸 SNS에 올리는 순간 상황은 달라진다. 요즘 SNS는 상상을 초월할 만큼 정보공유와 확산속도가 빠르다. 테라스 창가에 앉아 있는 자신의 모습을 추억으로 남기고 싶어서 찍은 사진, 또는 오랜만에 영화 보러 간 극장 앞에서 기념으로 찍은 사진을 SNS에 올린 순간, 직장 내 상사와 후배, 동료, 그리고 인사 담당자까지 모두 당신의 현재 거처를 파악하게 된다.

"몸이 아프다더니, 커피숍에 가서 차 마시고 극장에 가서 영화를 봐?"

결국 직장 사람들에게 내 괘씸죄, 사기죄로 걸리게 된다. SNS를 하더라도 현명하게 할 필요가 있다. 당신도 즐기면서 스스로에게 피해를 입히지 않고 SNS를 할 수 있는 방법 두 가지만 기억하자. 첫째, SNS에 글을 올리기 전에, 반드시 다시 한 번 생각한다. 과연 공개적으로 올려도 괜찮은 건지, 혹시 회사 사람들이 보면 오해를 하거나 누군가가 피해를 입게 되는 건 아닌지를 신중히 생각한다. 둘째, 당신의 엄마가 알면 안 되는 내용은 절대 올리지 않는다. 엄마, 상사, 회사 사람들이 아는 순간 문제가 되거나 당신에게 불리할 수 있는 내용이라면 당연히 공개해서는 안 된다.

  SNS를 하고 안 하고의 여부는 개인의 문제이지만, 그것으로 인해 나 자신이 불필요한 피해를 입지 않도록 항상 주의해야 한다.

'못 들은 척'하는 당신을 '못 보는 척'하는 것

　　상사에게 이리저리 치이고 사사건건 간섭받다 보면, 상사가 그렇게 보기 싫을 수가 없다. 그렇다고 회사에서 나보다 직급도 높고 나의 생살여탈권(生殺與奪權)을 쥐고 있는 상사에게 드러내놓고 대들기도 힘들다. 이래저래 속상하다. 간혹 직장인들 중에는 상사가 자신을 부르거나 아는 체를 했을 때, 일부러 못 들은 척 딴청을 피우는 사람들이 있다. 일명 '소심한 복수'다. 결론부터 말하자면, 위험한 방법이다.
　　장세영 씨는 최근 고진석 부장이 그렇게 알미울 수가 없다. 자기에게 사사건건 잔소리를 늘어놓는 고 부장은 막상 자기 자신에 대해서는 너그럽기 그지없다. 직원이 늦을 땐 도끼눈을 떠도, 본인이 늦으면 전날 야근해서 피곤해 그렇다는 둥, 직원들의 서포트가 부족하다는 둥 핑계를 한 보따리식 대곤 한다. 세영 씨는, 똑같은 일에 대해서도 평가하는 잣대가 다른 고 부장이 얄밉다. 밥 먹는 것, 웃는 것, 걸어 다니는 것 등 모든 것이 눈에 거슬린다.

오늘 아침, 세영 씨가 몸담고 있는 부서에서는 이사에게 보고할 사안을 준비하는 건으로 바쁘다. 각자 맡은 자료들 확인해서 보고서 내용을 갱신하고, 오자 없이 프린트한다고들 난리다. 세영 씨가 맡은 자료는 최신 리서치 자료들을 확인하는 작업이라 더더욱 신경이 쓰였다. 마지막으로 확인을 끝낸 보고서를 고 부장에게 전달했다. 고 부장은 완성된 보고서가 마음에 드는지 연신 들떠서 큰 목소리로 떠들어댔다. 드디어 이사실 비서로부터 30분 후에 회의를 시작한다는 연락이 왔다. 고 부장은 보고서 파일이 든 USB를 챙겨 들었다. 그런데 이런 낭패가! 아까 구두 닦는 아저씨가 가져간 고 부장의 구두가 아직 돌아오지 않았다는 사실을 깜박했다. 슬리퍼를 갈아 신으려고 책상 밑을 바라본 고 부장이 갑자기 "헉!" 소리를 냈다.

"뭐야. 구두가 없잖아. 구두 아저씨 아직 안 오셨어? 어떡하지?"

고 부장은 호떡집에 불 난 것처럼 아우성을 치기 시작했다.

"구두 아저씨 전화번호 알아? 누가 알아? 빨리 전화해!"

세영 씨는 지구의 멸망이 온 것처럼 난리를 치는 고 부장이 서서히 짜증나기 시작했다. 세영 씨는 핸드폰 메시지를 보는 것처럼 핸드폰 액정에 시선을 고정한 채 자리에서 일어나 복도 쪽으로 걸어나갔다. 복도로 나가는 유리문을 통과하는 세영 씨에게 갑자기 고 부장이 소리쳤다.

"거, 세영 씨! 구두 아저씨 전화번호 알아? 엉?"

세영 씨는 갑자기 고 부장을 모른 척하고 싶은 욕구가 치밀었다. 세영 씨는 아무 말도 하지 않은 채 계속 시선을 휴대전화로 고정시키고, 고 부장의 말을 못 들은 양 복도 쪽으로 계속 걸음을 옮겼다. 세영 씨 뒤로 유리문이 서서히 닫히며 "세영 씨, 세영 씨~" 하는 고 부장의 목소리가 들려왔다.

나중에 고 부장이 세영 씨에게 물었다.

"세영 씨, 아까 내가 그렇게 불렀는데, 못 들었어?"

세영 씨는 깜짝 놀라는 표정을 지으며 시치미를 뗐다.

"네? 부장님 저 부르셨어요? 제가 휴대전화 보느라고 못 들었나 봐요. 어머, 죄송해요, 부장님!!"

세영 씨는 평소 고 부장에게 당한 일들을 떠올리며 은근히 통쾌함을 느꼈다. 세영 씨는, 정말 완전범죄에 성공한 걸까?

직감gut feeling. 이성이 아닌 마음속으로부터 나오는 느낌. 사람은 직감이 발달한 동물이다. 뭔가 입 밖으로 말하지는 않지만, 감으로 느껴지는 것이 있다. 모든 상황이 순조롭게 돌아가고 특별히 이상한 증거를 발견한 것도 아닌데, 특별한 느낌이 올 때가 있다.

"아, 피곤해."

놀아달라는 아이들을 뿌리치고 주말 당직을 섰다며 피곤한 얼굴로 들어오는 남편을 보며 아내는 직감적으로 이상함을 느낀다.

'당직 선 게 아닌 것 같은데. 혹시 친구들이랑 등산 갔던 거 아냐?'

"친구들이랑 1박 2일 종강파티 하기로 했어요"라고 말하는 딸아이를 보며 부모는 왠지 모를 불안감을 느낀다.

'믿음이 안 가는데. 혹시 남자 친구랑 단둘이 가는 걸까?'

"우리 회사 이번에 보너스 없대. 정말 회사 사정이 안 좋아"라고 하며 불평하는 맞벌이 아내를 보며 남편은 고개를 갸우뚱한다.

'뭔가 수상해. 보너스 받아놓고 숨겨둔 거 아냐?'

딱히 확실한 증거를 찾아낸 것은 아닌데, 상대방에 대해 의구심이 들게 하는 건 바로 인간의 직감 때문이다. 그래서 우리는 오랜만에 만난 친구에게 "사업 잘 돼?" 하고 물었을 때 친구가 "응, 그럼! 잘되고 있어"라고 말해도 직감적으로 아니라는 걸 눈치챌 때가 있다. 이러한 직감은 상대방의 말을 통해 느껴지는 게 아니라 바로 표정을 통해 느껴진다. 사업에 문제없다고 말하면서도 얼굴 전체적으로 힘이 없고 표정이 어두운 친구를 보며, 요즘 고생하고 있다는 사실을 짐작한다.

앞에서 본 세영 씨의 행동은, 그래서 위험하다. 부장은 괜히 부장이 아니다. 직장생활을 하면서 하루하루 업그레이드되는 것이 바로 눈치코치다. 아무리 분위기 파악을 잘 못하고 무딘 성향을 가지고 있다 하더라도, 부장급의 직감은 무시할 수 없다. 고 부장은 세영 씨가 의도적으로 못 들은 척했다는 사실을 알 확률이 높다. 체면상 세영 씨 앞에서 "뭘 못 들어! 당신 내 목소리 듣고도 그냥 밖으로 나간 거잖아" 하지는 않는다. 그러나 느낌은 있다. 상사인 자신을 무시했다는 기분 나쁜 직감 말이다.

  사람은 사소한 일에 감정이 상한다. 이런 사소하지만 서운한 점들이 조금씩 쌓이면서, 고 부장 역시 세영 씨를 예쁘게 볼 수가 없게 된다. 누가 손해일까? 두말할 것도 없이 바로 세영 씨 손해다. 소심하게 복수 한 번 해보려다가 본인에게 더 큰 피해를 입혔다. 상대방이 눈치채지 못할 것이라는 근거 없는 믿음으로 이런 식의 복수를 상사에게 하지 말자.

모든 **관계**에는
적당한 **거리**가
필요하다

감정에 대해 공부하고 소통에 대해 강의하는 시간이 많은 나에게 사람들이 묻곤 한다.

"박사님은 처음 만나는 사람도 십년지기처럼 금방 친해지죠? 감정과 소통, 이런 분야를 연구하시니 당연히 그러시겠죠."

그럴 때마다 나는 곤란한 웃음을 지으며 입을 다문다. 갑자기 부담감이 엄습한다. 딱히 할 말이 없어진다. 한번은 이런 적도 있었다. 모 방송 녹화를 하다가, 녹화에 참여했던 출연자분이 갑자기 내게 요청을 해왔다.

"박사님은 소통 전문가시니, 지금 당장 제가 박사님에게 호감을 느낄 수 있도록 눈빛을 보내주실래요? 한번 해보세요."

순간, 나는 카메라가 돌아가는 것도 잊을 정도로 당황했다. 뭘 어떻게 대답해야 할지, 어떤 표정을 지어야 할지 난감하기만 했다. 결국 머뭇거리는 동안 자연스럽게 다른 이슈로 넘어갔지만, 그때 그 질문과 당시 내가 느꼈던 난감함이 아직도 기억에 또렷하다.

소통을 잘한다는 게 과연 무얼까. 상대방을 만나자마자 마치 오랫동안 알고 지내던 사람처럼 쉽게 친해지는 걸 의미할까? 낯선 사람에게도 스스럼없이 다가가서 마음의 문을 열고 대화하는 걸 말하는 걸까? 아니면, 싫은 사람 없이 누구하고나 잘 어울리는 사람이 소통을 잘하는 사람일까?

소통을 잘하는 사람에 대한 정의는 사람마다 다를 수 있다. 그리고 나는, 소통을 잘하는 사람이 앞서 기술한 그 문장들을 모두 충족시켜야 한다고 생각하지 않는 입장이다. 만약 앞의 내용들에 모두 부합해야 한다면, 너무 부담스럽지 않을까. 앞서 나열한 조건들을 다 갖춰야 소통을 잘하는 사람이라면, 조용한 성격, 낯가림이 심한 성격, 소심한 성격, 내성적인 성격을 가진 사람들은 소통을 잘하지 못한다는 결론만 남는다. 소통한다는 건 서로 오해가 없이 각자의 의사를 전달하는 것이다. 빨리 친해지거나 얼마나 많은 사람들을 알고 있느냐와는 좀 다른 것이다. 아무리 빨리 상대방과 친해진다고 해도 쉽게 오해가 생기면 그 관계는 계속 지속될 수가 없다. 수많은 사람들을 알고 있어도, 한 사람 한 사람과 깊이 있는 인간관계가 형성되지 못한다면 수박 겉핥기인 셈이다.

신호범 주임은 누가 봐도 마당발이다. 매장관리라는 업무특성상 사람들과 쉽게 친밀감을 형성해야 한다는 직업상 의무감도 있었겠지만, 신 주임의 성격 자체가 원래부터 호탕하다. 처음 만나는 사람과도 큰 부담 없이 어울리는 성향 탓에, 외부 담당자들도 신 주임을 좋아한다. 그런 신 주임에게 독특한 버릇이 있다. 술자리에서 어느 정도 술잔이 돌고 얼큰해지면, 자신보다 나이 많은 상대방을 형이나 누나로 부르는 것이다. 회식을 하고 2차 정도 가게 되면, 자신이 속한 팀의 팀장에게도 어느샌가 "에이, 형! 안주 더 시켜주세요. 그래도 되죠, 팀장님? 아니 형~" 하며 형이란 호칭을 자연스럽게 쓰기 시작한다. 김 팀장은 사실, 그런 신 주임이 귀엽다. 형~ 형~ 하며 술잔을 따르고 오징어 다리를 뜯어 간장 마요네즈에 찍어 입에다 넣어주는데, 정말 착착 안기는 느낌이 있다. 그런데 마음 한편에선 그런 신 주임이 동시에 부담스럽다. 김 팀장은 왜 이런 두 가지 감정을 동시에 느끼는 걸까? 신 주임처럼 술자리에서 직장 상사를 형이나 누나 또는 오빠라 부르는 것이 괜찮은 방법일까? 아니면 오히려 부정적인 걸까?

사근사근하고 친밀하게 다가오는 직장 후배를 마다할 선배는 없다. 단, 직장 내에서는 적당한 거리감은 필수다. 이것이 직장 소통의 기본 룰이다. 내가 개인적으로 아는 주변 사람들 중 한 분이 모임에서 자랑스럽게 이야기한 적이 있다.

"얼마 전에 사장님께 술 먹고 형~이라고 불렀는데요. 되게 좋아하시더라고요."

함께 모였던 사람들은 모두 한마디씩 했다.

"와~ 참 대단하십니다. 용기가 가상해요. 어떻게 사장한테 형이라고 불러요? 나 같으면 못해!"

일순간 영웅이 탄생한 것처럼 다들 그 사람을 우러러봤다. 그러나 그 말을 듣는 순간, 난 아찔했다. 형이라니!

사람은 누구나 이중성을 갖고 있다. 직장에서 만난 누군가가 친밀하게 다가오면 기분이 좋다. 친근하게 대하는 그 사람이 고맙다. 그런데 동시에 한편으론, 나를 만만하게 보는 건가 살짝 고개가 갸웃거려진다. 이런 현상은 직급이 높을수록 더 자주 발생한다. 그렇기 때문에 직장 상사에게 공연한 모험을 할 필요가 없다. 부하 직원이 자신을 깍듯하게 대해서 기분 나빴다는 CEO나 임원을 본 적이 한 번도 없다. 자신에게 예의를 차려서 부하 직원과 거리감이 느껴졌다는 상사를 본 적도 없다.

물론 형이나 오빠와 같은 호칭을 즐기는 상사도 간혹 있다. 그러나 이런 상사를 만나는 건 드문 일이다. 열에 아홉은 이를 불편해한다. 자신을 만만하게 여기는 게 아닌가 하는 상사의 불쾌감 외에도 또 다른 이유가 있다. 직장 상사와 부하 직원의 감정적 거리가 지나치게 가까워지면, 업무를 할 때 오히려 더 불편하다. 혼을 내야 하는데 개인적으로 친한 사이라 꺼려질 수 있다. 객관적으로 부하가 잘못한 상황인데도, 어젯밤 술 마시며 자신을 형~ 오빠~ 라고 부른 부하 직원을 호되게 비판할 수가 없다. "그럼 부하 직원 입장에선 더 좋은 거 아닌가요?"라고 당신은 물을 수 있다. 정말 그렇게 생각하는가? 과연 부하 직원에게 유리한 걸까? 대답은 "No"다. 제대로 비판할 수 없고 잘못해도 혼내기 힘든 부하 직원을 어느 상사가 데리고 있고 싶어 할까? 개인적으론 친할지 몰라도 같은 팀, 같은 부서에서는 함께 지내기 어렵다. 제대로 된 지시와 면담이 이루어질 수 없으니, 부하 직원 개인에게도 손해고 팀 전체의 분위기에도 부정적이다.

상사는 그냥 상사로 대하자. 직장 내에서 지켜야 할 최소한의 감정적 거리를 뛰어넘지 말자. 팀장은 팀장으로, 과장은 과장으로 불러주는 게 안전하다. 지나친 친밀감 표현은 오히려 관계를 어색하게 만든다.

때와 장소를 가리는 현명한 **한풀이법**

온갖 시련과 풍파가 밀어닥치는 험난한 직장생활에서 인간적으로 푸근한 선배는 구원자와도 같다. 이상하게도 각 기업의 인사 담당자들은 인상이 좋다. 인상만 좋은 것이 아니라 성격까지 원만하고 구수하다. 왜 자기만 승진자 대상에서 빠진 거냐며 따지듯이 말하는 직원에게 "그러게 말이야~ 나도 당신 때문에 많이 속상해"라며 등을 툭툭 두드려주는 인사팀 차장. 1년 동안 죽자 사자 연애한 애인과 헤어져 속상한 직원에게 "가자, 술 한잔 살게" 하고 지갑을 기꺼이 여는 인사팀 과장. 직장을 다니며 마치 부모처럼 형제자매처럼 사람 좋은 미소로 직원들의 감정을 다독이고 어루만진다. 자신도 인사팀에서 업무하면서 속상하고 억울한 일들이 분명 있을 텐데도, 그걸 직원들에게 내색하는 경우가 거의 없다. 그래서 믿음직스럽고 감정적으로 자꾸 끌린다. 힘든 일이 있을 때마다 회사에서 생각나는 사람들 중 세 손가락 안에 꼽힌다.

내가 개인적으로 잘 아는 모 기업의 인사팀 담당자가 이런 말을 한 적이 있다.

"저는 가끔 참 신기해요. 직원들이 저의 업무가 무엇인지를 까맣게 잊은 것 같아요. 박사님, 제 업무가 뭐라고 생각하세요?"

장난스럽게 묻길래 나도 장난스럽게 대답했다.

"그거야 직원들 평가해서 잘하면 상주고 못하면 벌주는 거죠."

인사 업무가 당연히 이것뿐만은 아니지만, 아주 단순화시켜 말하자면 틀린 말은 아니다. 결국은 직원들이 업무를 잘하는지, 목표를 제대로 달성하는지, 회사에서 키워줄 만한 인재인지를 평가하고 육성하는 곳이 바로 인사팀이다. 그런데 그런 인사팀 담당자에게 자신의 어려운 상황과 약점과 불만을 기꺼이 털어놓는다는 게 좀 이상하지 않은가.

〈하버드 비즈니스 리뷰〉에 인사팀 담당자에게 인생상담을 하지 말라고 조언한 내용의 기사가 난 적이 있다. 예를 들어, 최근 내가 연애하다가 헤어져서 죽을 만큼 힘들다고 하자. 또는 아내와의 관계가 안 좋아져서 부부싸움이 매일 일어난다고 가정해보자. 이처럼 개인적으로 힘든 상황은 당연히 직장생활과 업무에도 영향을 미치게 되어 있다. "가화만사성"이라는 말은 괜히 나온 말이 아니다. 인사 담당자는 직원들의 이런 상황을 들을 때마다 '개인적으로 힘들겠네'와 더불어 '개인사로 인한 복잡한 감정 상태 때문에 업무에 대한 몰입도가 떨어지겠네'라는 우려를 동시에 하게 된다. 직장 상사도 인사 담당자와 별반 다를 게 없다.

　우리는 직장에서 만난 사람들이다. 친목단체나 종교단체가 아니라, 공통의 목표를 함께 달성하기 위해 모인 이익집단이다. 누군가가 개인 사정으로 업무를 제대로 처리하지 못하면, 다른 누군가가 그 사람이 못한 몫을 대신 해내야 한다. 그렇지 않으면 목표달성은 물 건너간다.

　최근 당신에게 힘든 일이 있는가. 힘든 일로 인해 감정이 자꾸만 약해져서 누군가에게 하소연하고 싶은가. 그렇다 해도 하소연의 대상으로 직장 사람은 피하는 게 좋다. 특히 당신의 직속 상사와 인사팀 담당자에게는 인생상담을 하지 말자. 감정적으로 약해진 모습을 보이는 순간, 당신에 대한 평가 자체에 부정적인 영향을 미칠 수 있다.

물건을 전달하는 순간

감정도

전달된다

아이를 키우는 맞벌이 부모가 좋은 옷과 신발, 멋진 장난감을 아이에게 사주는 것을 보면서 사람들은, "돈이 다가 아니잖아. 돈으로는 해줄 수 없는 사랑을 줘야지"라고 한마디씩 했다. 기다리던 여름휴가 때 바쁜 일정 때문에 함께 휴가를 보낼 수 없는 남편이 아내에게 비싼 가방을 사주면, "가방만 사서 안기면 다야? 난 가방이 아니라 당신이 필요하다고!"라며 아내는 서운해했다. 1년 내내 자식들 내려오기만을 기다리는 시골 고향 집의 부모님께 시골에 내려오는 대신 용돈을 두둑이 보내드리거나 세탁기를 새로 바꿔드리면, 주변에서 "그게 다 뭔 소용이야. 얼굴 한 번 더 보여주는 게 효자지"라고 했다.

그런데 언젠가부터 사람들의 생각과 관점이 조금씩 바뀌었다. 물질과 돈이 현대인의 중요한 가치 중 하나로 자리 잡으면서, 마음 가는 데 돈이 간다고 생각하기 시작한 것이다. 눈먼 돈 없고 돈 벌기가 쉽지 않은 세상에 살면서, 오늘날 사람들은 자신이 어렵게 번 돈을 쓸 때 이왕이면 자신을 행복하게 만드는 데에 쓰고 싶어 한다. 뿌듯함, 행복함, 기쁨 등의 감정을 느낄 수 있는 대상, 장소, 사람에게 돈을 쓰고 싶어 한다. 반대로 마음이 가지 않는 사람에게는 돈을 쓰기 싫어한다. 회사에서 이리 뺀질 저리 뺀질 얄밉게 행동하는 후배에게는 몇천 원 안 되는 점심 밥값이라도 내주기가 싫다. 반면에, 자꾸 사주고 싶어지는 후배도 있다. 밥 먹었다고 하면 커피 한잔이라도 사서 손에 들려주고 싶은 사람이 있다. 그럴 땐 지갑이 기꺼이 열린다.

선물을 받는 사람의 입장도 당연히 많이 바뀌었다. 예전처럼 "돈이 다야? 돈으로 때우려고 하지 마!"라는 식으로 무조건 상대방을 매도하지 않는다.

심리학자 앨리스 아이센은 방사선과에 근무하는 병원 직원과 의사들을 대상으로 재미있는 실험을 했다. 가장 과학적이고 논리적인 교육을 받았다고 여겨지는 의학 계통 종사자들에게도 '선물의 힘'이 과연 통할 것인지를 확인하는 실험이었다. 앨리스 아이센은 일부 환자들로 하여금 병원 직원과 의사 들에게 작은 선물을 주도록 했다. 그랬더니, 선물을 주지 않은 환자에 비해 더 정확하고 신속한 진단과 조치가 이루어졌다. 더욱 흥미로웠던 점은, 선물을 받은 의사들은 치료에 더 도움이 되는 처방을 내렸고, 향후 필요하면 지속적으로 상담을 해주겠다는 말까지 했다는 점이다. 이 연구결과에 대해 당신은 어떻게 생각하는가?

"뭐 그런 경우가 다 있어요? 선물 받았다고 더 빨리 진단해주고, 안 받으면 늦게 해주고. 도덕적으로, 윤리적으로 그러면 안 되는 거죠!"

못마땅한 마음에 눈살이 찌푸려져 있는가? 그런데 조금만 진정하고 생각해보면, 당신과 나를 대상으로 이 실험을 했다고 해도 결과는 같을 수 있다. 그 이유는 당신과 내가 물질을 유난히 좋아하고 선물 받는 것에 눈이 멀어서 그런 게 아니다. 선물이 주는 독특한 의미 때문이다.

옛날 어르신들이 하시는 말씀이 있다.

"꼭 받아 맛이 아니라, 정성이 갸륵한 거지."

크고 비싼 선물을 받아서 기쁘다기보다는, 나를 위해 고민해서 선물을 고르고 포장하고 내게 전달한 그 정성만으로도 상대방이 기특해 보인다는 것이다. 선물을 받고 막상 뜯어보니, 이미 내가 가지고 있는 물건일 수도 있다. 그래도 받으면 기분이 좋아지는 걸 어떡하나. 선물의 정의를 사전에서 찾아보면, 남에게 어떤 물건을 '선사'하는 것이다. 그리고 이때의 '선사'는 존경, 친근, 애정의 뜻을 나타내기 위하여 남에게 선물을 전달함을 의미한다. 결과적으로 선물은 존경과 친근함, 애정의 감정들이 물건 등에 담겨 함께 전달되는 것이다. 그래서 받으면 선물의 종류 및 값어치와 상관없이 일단 기분부터 좋아진다.

많은 직장인들이 자신의 상사에게 선물 주기를 꺼린다. 부끄럽기도 하고 쑥스럽기도 하단다.

"에이~ 상사를 존경하지 않아서가 아니라, 선물 드리는 게 꼭 아부하는 것 같아서요. 잘 봐 달라는 의미로 보일까봐 전 그냥 안 해요."

오해는 하지 말자. 상사에게 반드시 선물해야 한다고 말하려는 건 아니다. 하지만 굳이 안 할 이유도 없다. 결혼기념일, 밸런타인데이, 동료 생일 때에는 큰 부담 없이 선물을 사서 장본인들에게 건네주면서 왜 유독 상사에게는 선물을 건네지 않는 걸까. 앞서 앨리스 아이센의 실험 결과처럼, 사람은 크든 작든 선물을 받았을 때 상대방의 배려에 기분이 좋아짐을 느낀다. 본인이 상대방으로부터 관심과 애정을 받는 듯한 느낌 때문에, 나도 모르게 내 감정이 말랑말랑해진다. 그런데 왜 굳이 상사만 제외하고 나머지 사람들에게만 선물을 돌리냐는 말이다.

만약 당신이 올해부터라도 상사에게 선물을 주기로 했다면, 몇 가지 사항만 염두에 두면 된다. 일단 너무 비싼 건 안 된다. 그거야말로 아부처럼 보인다.

'이 사람이 왜 나한테 이렇게 비싼 걸 보낸 걸까?'

상사는 선물을 받고 의아해한다. 저의가 의심스러워 선물이 주는 기쁨에 집중할 수가 없다. 직급이 낮은 사람이 직급이 높은 사람에게 보내는 선물의 가격은 지나침이 없이 적당해야 좋다. 두 번째는 선물을 주는 시기가 회사의 특정 일정과 겹치지 않아야 한다. 예를 들어 인사철 즈음하여 선물을 보내면, 상사의 마음이 불편해진다. 물론, 우리가 상사에게 선물하는 건 돈이 남아돌아서가 아니다. 상사가 그 누구보다 예뻐서도 아니다. 엄밀히 볼 때 "이왕이면 저 잘 봐주세요"의 의미가 크다. 그러나 목적이 뚜렷이 보이는 선물은 감동을 줄 수가 없다. 선물은 회사의 행사 및 일정과 겹치지 않게 평소에 하자. 상사의 사생활에 대해 어느 정도 알고 있다면, 그에 맞추는 것도 좋다. 알아낼 수만 있다면 상사의 자녀 생일, 결혼기념일 등에 하는 것도 자연스럽다. 회사에서 직원에게 받은 선물을 상사가 퇴근해서 본인의 가족들에게 전달할 때 느끼는 감정은 즐거움이다. '난 이렇게 회사에서 후배들에게 존경받고 사랑받는 사람이라고. 알아?' 하는 자부심을 느끼게 만든다. 이런 것이 진정 효과적인 감정 전략이다. 세 번째는, 정성이 느껴져야 한다. 얼마 전에 지인으로부터 생일 선물을 받은 적이 있다. 선물 포장을 뜯었는데, 향긋한 차가 종류별로 가지런히 박스에 진열되어 있었다. 포장만 열었는데도 향기가 실내에 은은히 퍼졌다.

'와~ 정말 고맙다.'

나는 활짝 웃으며, 선물박스 안팎을 더 살폈다. 어라, 그런데 그게 없었다! 생일축하 메모 말이다. 그 사실을 안 순간, 나는 마음이 허전해졌다. 선물을 보낸 건 고맙지만, 내가 선물보다 더 원한 건 그 사람의 마음을 확인하는 것이었다. "생일 축하드려요. 더욱 건강하세요~"라는 문구. 뻔해 보이는 문구를 카드에서 확인해야만 상대방의 마음을 알 수 있는 건 물론 아니다. 하지만 알맹이는 빠지고 박스만 배달되어 온 느낌이

드는 걸 어쩌란 말인가. 물론 내가 요즘 시대에 맞지 않는 고리타분한 스타일일 수도 있다. 그래도 이왕이면 한 문장이라도 직접 쓴 메모가 있었다면 정말 감동이었을 텐데.

그러니 상사나 소중한 사람에게 선물할 때는, 당신의 손글씨 카드나 메모도 같이 끼워 넣자. 이왕 돈 들여 선물하는데 간단한 메모로 효과가 5배, 10배가 된다면 당연히 좋은 거 아닌가?

신입의
유통기한은
언제인가

　　신입사원은 귀엽다. 학교를 갓 졸업하고 들어온 보송보송한 신입사원. 아직 사회 때가 묻지 않고, 어딘지 어리숙해 보이는 신입사원을 보고 있으면, 직장 상사들은 절로 아빠 엄마 미소가 머금어진다. 업무에서는 혼내기도 하며 엄하게 가르치지만, 그 외의 부분에서는 팀과 부서에서 마음 써주며 보살핀다.

　원래 상사의 월급에는 부하 직원의 밥값이 포함되어 있다고들 한다. 당번을 정하지 않아도 선배들이 돌아가며 신입사원 점심을 사준다. 퇴근 무렵에는 "술 한잔 할래요?"라며 본인의 저녁 시간을 신입사원에게 기꺼이 할애한다. 직장생활이 힘들지는 않은지, 적응은 잘되는지를 수시로 물어본다. 어딘지 빈틈이 많아 보이는 게 동생 같고 조카 같다.

조직에서 이런 선배와 상사들의 배려는 당연한 걸까? 사실 당연하지 않다. 회사 문화에 따라 신입사원을 살뜰히 챙기는 회사가 있고, 사무적으로 대하는 회사도 있다. 어찌 되었건 선배와 상사가 이런 보살핌을 베푼다면 그 이유는, 같은 식구가 된 신입사원이 빨리 감정적으로 안정을 찾고 적응하도록 돕기 위해서다.

그런데 어떤 경우에는 이런 대접을 받는 신입사원이 착각하는 경우가 있다. 오냐오냐하며 키운 손자가 할아버지의 상투를 휘어잡는 것처럼, 나이 어리고 미숙하다고 배려해줬더니 조직과 상사를 너무 편하게 생각하는 경우 말이다.

게다가 이런 식의 보호받는 분위기를 계속 즐기고 싶어 하는 신입사원도 있다. 얼마 전 나는 모 회사의 특정 팀을 대상으로 팀 무드mood를 파악하고 침체된 분위기를 활성화하는 프로젝트를 맡아서 진행했었다. 그때 임원과 모든 팀원들이 함께 간단한 워크숍을 갔었는데, 나는 그곳에서 신기한 장면을 목격했다.

워크숍 장소에 도착해서 다들 짐을 나르고 바쁘게 행사 준비를 하고 있는데, 유독 한 사람만 특별히 하는 일이 없이 멀거니 서 있었다. 그 팀에 들어온 지 두 달 정도 된 신입사원이었다. 그 신입사원은 선배들 뒤만 졸졸 따라다니며 머리 뒤를 긁적거리거나 두 손을 모으고 "아~ 그렇게 하면 되는구나!"를 연신 외쳤다. 간혹 선배가 시킨 일이 잘 안 되면, "헉! 어떡해! 선배님~" 하고 눈을 동그랗게 뜨며 놀란 표정을 지었다.

다소 과장된 느낌이 있는 표정이었다. 나는 그 장면을 보고 신입사원에 대한 걱정이 슬그머니 생겼다. 왜냐하면 여긴, 가족공동체나 학교가 아니라 회사기 때문이다.

   신입사원으로 입사한 지 두 달. 아직은 팀, 본부, 회사가 돌아가는 시스템을 완벽히 이해하지 못했을 수 있다. 하지만 회사에서 자신의 역할, 지위, 서열 등을 파악할 수 있는 기간임엔 분명하다. 그런 신입사원이 연신 "선배님~"을 외치며 귀여운 표정으로 여전히 눈을 깜빡이기만 하는 건 문제다. 신입사원이 회사에 적응하기까지의 기간은 사람마다 하는 업무마다 모두 다르다. 하지만 태도만큼은 처음의 어리숙한 신입사원에서 어엿한 직장인으로 재빨리 바뀌어야 한다.

   대학생 시절의 자유분방한 스타일에서 해당 조직에 맞는 스타일로 갈아타야 하는데, 그러기 위해 무엇보다 중요한 건 마음가짐이다. 여전히 자신이 미숙하고 어리기만 한 존재로 보일 건지, 사회의 일원으로서 스스로를 책임지고 업무를 수행하는 직장인으로 보일 건지를 빨리 결정해야 한다.

   순진하고 보호심리를 자극하는 스타일 자체가 싫은 사람은 없다. 그러나 조직에서는 그런 스타일을 가진 사람을 핵심인재로 키우지는 않는다. 조직은, 책임감 있고 신뢰가 가며 주변에 믿음을 주는 사람을 중점적으로 육성한다. 언제까지나 어리숙한 존재로 선배와 동료의 보호를 받으며 직장생활을 하고 싶은가? 입사한 지 몇 개월이 지난 요즘도 누군가가 나를 걱정하며 내 짐을 대신 들어주고, 내 업무의 뒤치다꺼리를 해주며, 잘 적응하고 있는지 내 감정 상태를 물어보는가? 그렇다면 지금이라도 회사에서 제대로 정신을 차려야 할 때다.

'**밥**을 **함께** 먹는다는 것'의 의미

　　직장생활을 오래 하다 보면 뱃살만 는다는 말이 맞는 듯도 하다. 실제로 회사에 입사하면 대부분의 사람들이 입사 이전에 비해 살이 많이 오른다. 직장생활에서 느끼는 스트레스, 무력감, 화 등 각종 부정적인 감정들을 음식으로 푸는 사람들이 많다. 얼큰한 부대찌개, 매콤한 주꾸미볶음, 속 풀리는 순댓국, 혀가 얼얼한 낙지볶음에 고추장 제육볶음까지. 점심 메뉴로 곧잘 등장하는 음식들은 대개 짜고 맵다. 날이 갈수록 피부는 푸석해지고 만성위염은 낫지를 않는다.

　　그래서 요즘은 다이어트 도시락을 배달해서 먹거나 집에서 간단하게 싸와서 먹는 직장인들이 꽤 있다. 점심값도 절약하고 건강도 좋아지니 일석이조다.

그런데 이렇게 몸에는 좋은 '건강 도시락 먹기'에 단점이 하나 있다. 동료나 직장 선후배들 중에서 도시락을 싸올 수 있는 사람들은 한정되어 있다. 일단 자기 손으로 도시락을 쌀 수 있는 여성 직장인들은 가능하다. 남자들은 아내에게 도시락을 싸달라고 부탁하기도 미안하고, 가지고 다니기도 번거롭다고 생각해서 그냥 사 먹는다. 그래서 도시락을 싸오면 혼자 먹게 되거나 몇몇 정해진 도시락 멤버들끼리 먹게 된다.

그런데 밥을 함께 먹는 행위에는 특별한 의미가 있다. 예전 모 방송 프로그램에서 가슴에 와 닿는 내용을 본 적이 있다. 그 방송에 출연한 출연자가 이렇게 말했다. "함께 밥을 먹다가 나는 식사를 마쳤고 상대방이 미처 다 먹지 못한 경우, 상대방이 밥을 끝까지 먹을 때까지 바라봐주고 자리를 뜨지 않는 것이 사랑이다"라고. 그 말을 들으며 백배 동감했다.

끼니를 해결하고 밥을 먹는다는 건 인간의 기본욕구 중 하나를 충족시키는 일이다. 미국의 심리학자 에이브러햄 매슬로는 욕구를 인간의 행동을 이끌어내는 동기요소로 보았다. 매슬로는 인간의 욕구를 강도와 중요성에 따라 다섯 가지로 나누었는데, **생리적 욕구**(식욕, 성욕, 수면욕 등 인간의 생존과 관련된 기본욕구), **안전의 욕구**(물리적, 정신적 위험으로부터 스스로를 안전하게 보호하고 싶어 하는 욕구), **소속의 욕구**(사람들과 관계를 형성하고 애정을 나누며 소속되고 싶어 하는 욕구), **존경의 욕구**(주변 사람들로부터 존경을 받고 존중감을 느끼고 싶어 하는 욕구), **자아실현의 욕구**(자신이 원하는 바를 성취하고 싶어 하는 욕구)를 말한다. 매슬로는 이러한 다섯 가지 욕구에 단계가 있으며, 가장 기본적인 생리적 욕구가 충족되어야 그다음 단계의 욕구들이 발생할 수 있다고 보았다. 물론, 이후 욕구와 관련된 연구들이 진행되면서 반드시 욕구가 단계별로 발생하는 것은 아니라는 이론들이 제시되었다. 그러나 매슬로의 관점에서 볼 때 끼니를 해결하는 등의 생리적 욕구가 최우선적으로 충족되어야 다른 것에 관심을 둘 수 있다.

식욕을 채우고 몸에 에너지를 불어넣어 주는 밥은, 그래서 중요하다. 그런 의미에서, 밥을 누군가와 함께 먹는다는 것 역시 특별한 의미를 가진다. 후룩후룩 국물을 마시고, 음식을 짭짭 소리 내며 씹고, 양념을 입술에 묻히며 먹는 것. 사실은, 밥 먹는 모습을 서로에게 보이는 것은 인간으로서의 기본 모습을 서로에게 확인시키는 일이다.

내가 아는 미혼 직장인 한 명이 내게 이런 말을 했었다.

"저는 마음에 드는 남자랑 있을 땐 음식을 못 먹겠어요. 어색해요."

맞는 말이다. 잘 보이고 싶은 상대, 바라보기만 해도 내 마음을 설레게 만드는 상대방 앞에서 입을 벌리고 음식을 넣기가 쉽지 않다.

그러나 사람은 밥을 먹으며 친해진다. 상대방과 빨리 친해지고 싶다면, 머리 한 올 흐트러지지 않은 모습으로 그림같이 앉아 있으면 안 된다. 인간미 없고 거리감이 느껴진다. 완벽해 보이는 상대방에게는 다가

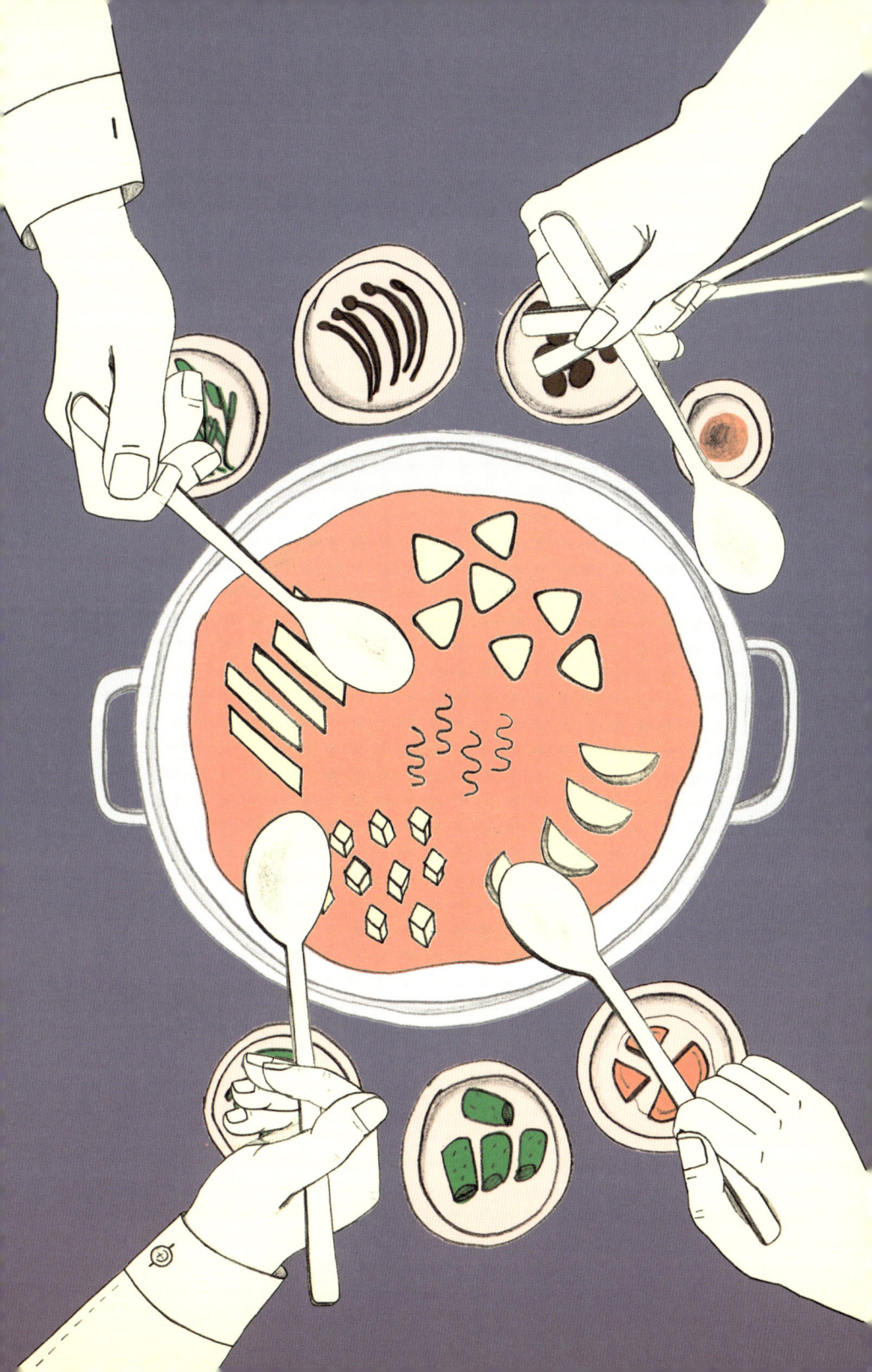

가기가 어렵다. 직장 내에서도 마찬가지다. 누군가의 마음을 얻고 싶다면, 밥을 자주 먹으면 더 수월하게 가까워질 수 있다.

건강을 위한 도시락은 일주일에 한두 번 정도만 가져와서 먹자. 팀원들 다 함께 밥 먹으러 나가는데, "전 도시락 싸왔어요"라며 혼자 휴게실로 도시락을 갖고 들어가지 말자. 밥 같이 먹는 게 뭐 대수겠는가 생각하겠지만, 밥을 함께 먹으면 식구(食口)고 함께 먹지 않으면 식구가 아니다. 엄밀히 말해서 식구란, '함께 살면서 끼니를 같이 하는 사람'을 의미하는 거니까.

거절은
당당할수록
좋다

세상에서 부탁을 거절하기가 가장 힘든 대상들 중 한 명이 바로 상사다. 편한 직장생활, 성공적인 직장생활을 할 수 있느냐 아니냐가 상사에게 달려 있는 경우가 많으니 어쩔 수 없다. 그런데 간혹 그런 점을 이용하여 부하 직원에게 매우 개인적이거나 무리한 부탁을 하는 경우들이 종종 있다.

예전에 처음 직장생활을 시작했을 때, 나와 같이 입사한 직장 동료가 동기 모임 때마다 힘들어하던 생각이 아직도 난다. 동료가 속한 팀의 팀장이 본인에게 보증을 서달라고 자꾸 부탁한다는 것이었다. 안 하자니 팀장 눈치가 보이고, 보증을 서자니 찜찜하다고 했다. 그날 모인 동기들도 딱히 "이렇게 해"라고 정답을 주지 못했고, 결국 그 동기는 술을 엄청나게 퍼먹고 술집 탁자에 쓰러졌다.

이런 상황은, 특히 성향상 마음이 약하거나 거절을 잘 못하는 사람들에게 큰 스트레스가 될 수 있다. 유독 상사의 부탁뿐만이 아니라 주변 사람들의 부탁을 거절 못해서 쩔쩔맨다. 동기 모임에 참석하라는 말에 "나 그날은 안 되겠는데"란 말을 못해서 억지로 그 자리에 나가 앉아 있곤 한다. 중요한 저녁 일정이 있어 퇴근 준비를 하는데, "대리님, 저 좀 도와주시면 안 돼요?" 하는 후배의 요청을 거절 못하고 주저앉아 서류를 같이 정리하며 연신 시간을 확인한다. 조바심으로 심장이 뛰고, 똥끝이 타들어간다.

'그냥 안 된다고 하면 될 것을 왜 그러는 건데?'

별 부담 없이 거절을 잘하는 사람들은 이런 경우들이 도무지 이해가 안 간다. 하지만 상대방 면전에서 거절을 하는 건 생각보다 쉽지 않다.

우리가 거절을 잘 못하는 이유는 대개 두 가지 때문이다. 우선, 거절을 하면 상대방이 나를 싫어하게 될까봐 눈치를 보는 것이다. 사람 마음이 참 터무니없다. 세상 모든 사람들이 몽땅 다 나를 좋아하고 지지해주기를 바란다. 이왕이면 회사 안에 나를 싫어하는 사람이 단 한 명도 없었으면 좋겠다. 그런데 상대방의 부탁을 거절했다가 상대방이 내게 앙심을 품거나 서운해하면서 나를 미워할까봐 걱정이 된다. 그래서 거절이 점점 어려워진다.

그런데 지금까지 상대방이 내게 한 부탁들을 곰곰이 생각해보면, 상대방의 인생을 좌우할 만큼 엄청난 부탁들은 별로 없다. 대개 들어줘도 그만, 안 들어줘도 그만인 부탁 수준이다. "서류정리 좀 같이 해주실래요?", "자료를 찾아주시겠어요?", "이번 회식에 참석할 수 있어요?", "이 물건 좀 들어줄래요?", "보고서 작업을 도와줄 수 있나요?" 등등이다. "저 대신 대출금을 갚아주세요"라든가 "제가 당신 대신 승진하면 안 될까요?" 또는 "제 결혼식 준비를 맡아주세요" 등등의 부탁이 아니다. 상대방의 부탁 정도가 가벼우니, 가볍게 거절하면 된다. 거절해도 상대방이 받을 상처는 아주 미미하다. 아니, 상처가 안 될 수도 있다. 일상의 부탁들을 거절했다고 해서 상대방이 열 받아서 내게 화를 내면, 그건 상대방의 잘못이다. 부탁이란, 어떤 일을 해달라고 청하는 것이다. 반드시 해야만 한다고 명령하거나 요구하는 것과는 다르다. 그러니 그 부탁이 내게 너무 과하면, 또는 마음이 내키지 않으면 얼마든지 거절할 수 있다.

거절을 하기 어려운 두 번째 이유는, 어떻게 거절해야 하는지 말하는 방법을 몰라서다. 마음이 약한 사람일수록 거절을 제대로 못한다. 그렇다고 기쁘게 하는 것도 아니다. 상대방의 요구대로 움직이다 보면 짜증이 나고, 부탁받은 일을 하는 내내 '내가 왜 부탁을 들어줬을까…' 하고 후회한다.

감정의 부대낌 없이 거절할 수 있는 스킬을 알면 된다. 일단 상대방의 부탁에 마음이 내키지 않으면, 그냥 "미안하지만 안 되겠는데요"라고 말한다. 복잡하게 생각할 것 없다. 어떻게 거절을 해야 상대방이 상처

입지 않을까를 계산하지 말자. 아무리 머리를 굴려도, 결론은 없다. 그냥 "No"라고 말한다. 처음에 부탁받았을 때 주저하는 모습을 오랫동안 보이면, 상대방의 기대감이 점차 커진다.

'어라? 주저하는 걸 보니 승낙할 것도 같은데?'

상대방에게 부질없는 기대를 하도록 만들고 나중에 거절하면, 상대방은 그만큼 배신감을 느낀다.

어떤 사람들은 거절하면서 왜 부탁을 들어줄 수 없는지 상대방에게 장황하게 설명한다. "오늘 집안 행사가 있어서…", "아이가 아파서…", "컨디션이 안 좋아서…" 하고 아주 구체적인 상황까지 설명하며 양해를 구한다. 그럴 필요 없다. 안 된다고 한 순간 상대방은 거절당했기 때문에 그 이후의 설명은 모두 '변명'으로 들린다. 게다가 부탁은 얼마든지 거절할 권리가 당신에게 있다고 앞에서 설명했었다. 당신이 왜 군이 거절 이유를 상대방에게 설명해야 하나? 당신이 꼭 설명하고 싶다면 해도 된다. 그러나 미안한 마음에 구차하게 이런저런 이야기를 하는 것이라면, 앞으론 그럴 필요 없다. 사람 마음이 참 묘한 게, 거절할 때 당당하게 해야 상대방도 거절을 더 빨리 받아들인다.

거절을 한 번 했는데도 상대방이 물러서지 않고 계속 부탁하는 경우가 있다. 그럴 때는 어떻게 해야 할까? 간단하다. '거절' 재생버튼을 계속 누른다.

"그래도 어떻게 안 되시겠어요?"

"예, 어렵겠네요. 죄송합니다."

상대방이 다시 묻는다.

"정말요? 다시 한 번 생각해봐요."

"어쩌죠? 안 되겠네요."

아무 생각 말고 거절 재생버튼을 계속 누른다.

상사의 무리한 부탁에 무조건 "Yes"를 외칠 필요가 없다. 상사도 이런 식의 개인적 부탁이 무리라는 것을 스스로 안다. 거절하면 당장은 서운할 수 있지만, 그렇다고 인사고과에 감정을 반영할 만큼 앙심을 품지 않는다. 다만, 거절은 상사가 민망하지 않도록 공손하고 정중하게 한다. 이런 거절이 있고 난 후에는 업무에 더 열성을 보이고 상사를 보필하면 된다. 걱정할 필요 없다.

맞추려고 하지 말고,

솔직하고

자연스럽게

신입사원은 사춘기 아이와 같다. 사춘기 자녀가 있거나 이미 사춘기 자녀를 키워본 사람이라면, 다루기가 쉽지 않다는 걸 알고 있다. 사춘기 아이들을 생각해보면 잘해줘도 불만, 내버려둬도 불만이다. 학교에 다녀온 아이에게 "잘 다녀왔니? 오늘 어땠어?" 하고 물어보면, 아이가 대번 짜증스러운 얼굴이 된다. "아~ 됐다고요. 나 피곤해" 하고 곧장 방으로 들어가버린다. 그렇다고 아이에게 "왔니?"라고 짧게 말하고 하던 일을 계속하면, "아빠, 엄마는 대체 나한테 관심이나 있어요? 해준 게 뭐가 있어요?"라고 덤비곤 한다. 신입사원도 크게 다르지 않다.

"오늘 많이 긴장됐죠? 점심 같이 먹을까요?"

학교 졸업하고 바로 입사한 신입사원에게 이런저런 도움되는 이야기도 해줄 겸 식사하자고 한다. 당연히 신입사원은 "예! 부장님" 한다. 하지만 챙겨준다고 자주 밥 먹자고 하면, 신입사원은 부담스러워한다.

"아… 괜찮습니다, 부장님. 매번 사주셔서 너무 죄송해요."

밥을 자주 얻어먹어서 죄송하다고 말은 하지만 신입사원의 본심은 이것이다.

'부장님과 밥 먹는 자리가 너무 불편해요. 그냥 따로 편하게 먹고 싶어요. 점심시간만이라도 제가 숨 쉴 시간은 있어야죠.'

반면 팀에 새로 신입을 받았는데 신경을 안 쓰면, 신입사원은 다른 팀에 들어간 동기들과 비교를 하기 시작한다. 입사 동기들끼리 모인 자리에서 "우리 부장님은 내가 들어와도 별 신경 안 쓰더라고. 점심 딱 한 번 사준 게 다야! 부하 직원에게 별 관심이 없는 것 같아" 하고 불만을 늘어놓는다. 관심과 무관심의 경계선을 현명하게 맞추기가 힘들다.

게다가 요즘 세대들 특징 중 하나가 바로 스마트 기기들을 집중적으로 사용한다는 점이다. 업무를 하든, 출장을 가든, 여행을 가든 언제 어디서나 스마트폰, 태블릿 PC, 노트북 등을 가지고 다닌다. 이런 것들 없이는 한시도 불안하다. 그래서 이런 신세대들을 BYOD_{Bring Your Own Device}라고도 부른다. 그런데 생각해보면, 이런 스마트 기기들은 혼자서 할 때가 많다. 누군가와 함께 소통하며 하는 것이 아니라, 혼자 스마트폰으로 자료를 찾거나 노트북으로 업무를 한다. 신세대들은 정말, 혼자서 잘 논다. 그러다 보니 자연스럽게 발달하게 된 신세대의 감정적 특징이 있다.

누군가와 감정을 나누는 것이 부담스럽고 불편하게 느껴지는 것이다. 자기의 속마음을 드러내기도 싫고, 다른 사람의 감정을 아는 것도 껄끄럽다. 자신의 감정을 상대방에게 알리고 나면, 꼭 치부를 드러낸 것 같아 그날 밤 잠을 이루기가 힘들다.

'괜히 내 마음을 말했나? 말하지 말걸 그랬나? 아… 말한 걸 도로 물렀으면 좋겠다.'

그닥 특별한 내용도 아니었고 비밀도 아니었는데, 자신의 감정을 누군가에게 내비쳤다는 것 자체가 찜찜하다. 또한 누군가가 내게 감정을 털어놓는 것도 부담스럽다. "나 요즘 여자 친구랑 사이가 안 좋아. 어떻게 하면 좋을지 모르겠어"라고 말하는 동료가 부담된다. 동료의 상황을 듣고 동료의 힘든 감정을 아는 순간, 뭔가 도움을 줘야 할 것 같다. 당장 문제를 해결할 좋은 해결책을 제시해야 할 것만 같다. 불편하다. 그래서 누군가가 자신의 감정을 드러내려고 하면, 교묘하게 화제를 돌리거나 자리를 뜨기도 한다.

여러 가지 이유들로, 조직 내 기존세대들이 이런 신세대들을 만났을 때, 감정적인 대응을 하기가 쉽지 않다. 신세대 직원들과의 소통을 원만하게 만드는 두 가지 감정적 원칙을 살펴보자.

신세대 신입사원들과 자연스럽게 감정소통을 할때 고려할 첫 번째 원칙은, 솔직함 open-heartedness이다. 애매모호한 태도는 오히려 오해를 불러온다.

"내가 학교를 졸업한 지 15년이 넘다 보니, 신세대들 특징을 잘 모를 수가 있어요. 다만, 잘 모를 뿐이지 이해를 못 한다거나 부정적으로 보는 건 아니거든. 나랑 일하면서 어려운 부분, 오해가 될 만한 부분 등은 말해줘요. 나도 그럴 거예요."

신세대에 대해서 모르면 모른다고 말해주자. 요즘은 20대도 10대 청소년의 마음을 제대로 이해 못 한다. 그러니 3040세대, 5060세대가 20대를 모르는 건 지극히 당연하다. 이걸 시대에 뒤떨어진다고 말할 수 없다.

두 번째 원칙은, 자연스러움naturalness이다. 자연스러움이란 말은, 현실을 있는 그대로 보여준다는 의미를 담고 있다.

얼마 전, 청소년들이 뽑은 가장 꼴불견 부모의 모습 중 하나가 "신세대인 척하는 것"이었다. 분명 몸은 아닌데, 마음만 앞서서 젊은 세대를 따라 행동하는 부모의 모습이 보기 안 좋았다는 대답이었다. 인상 깊었던 어느 청소년의 서술형 응답이 있다.

"우리 아빠는 유행하는 청바지를 그때그때 사서 입어요. 머리도 아이돌들이 하는 스타일을 따라 하려고 아침마다 난리예요. 신발이며 가방도 마찬가지예요. 말할 때도 요즘 유행하는 은어를 일부러 쓰세요. '대박', '왕짜증' 등 제 친구들이 하는 말을 아빠가 하니까 너무 이상하고 싫어요."

결국 청소년들은 부모는 부모다워야 좋다고 했다. 직장 내에서도 마찬가지다. 선배는 선배다워야 한다. 그 직급과 나이에 맞는 언어, 태도, 행동, 옷차림을 보이는 것이 자연스럽고 더 멋지다. 선배는 업무나 인생에 대해 배울 만한 점이 있다는 신뢰감을 줘야 한다. 같은 또래나 동기에게서 얻을 수 없는 든든한 존재여야 한다. 동기들끼리는 회사나 업무에 대한 불만, 연애의 진도 상황, 누군가의 뒷담화를 공유하지만, 선배와의 소통에서는 다르다. 직장생활에 잘 적응하기 위한 마음가짐, 업무에 대해 자신의 한계를 느끼면서 드는 좌절감, 업무를 더 잘 해내는 방법과 열정 등에 대해 말하고 싶어 한다.

신세대와의 감정소통 코드를 신세대에게 맞출 필요가 없다. 감정소통의 주도권은 직장 선배이자 상사인 당신에게 있다. 솔직하게, 그리고 자연스럽게 마음을 나누면 된다.

'싫은 소리'에도 전략이 필요하다

"쇠귀에 경 읽기"라고 했던가. 아무리 말해줘도 그때뿐인 사람이 있다. 요즘 상사들은 직원들에게 부정적인 피드백을 주기를 꺼려한다. 웬만하면 싫은 소리 하는 걸 부담스러워 한다. 하지만 매일 아침마다 다른 사람들은 다 앉아있는데 헐레벌떡 달려와서 자리에 앉는 직원을 보면, 영 못마땅하다. 그래서 한마디 하게 된다.

"거, 아침마다 지각이 잦네~!"

그러면 팀원은 죄송하다는 듯 고개를 떨구고 얼른 자기 자리에 앉는다. 그런데 이렇게 지적하면 나아지는 기미가 보여야 하는데 그렇지 않은 사람도 있다. "너는 떠들어라. 난 내 방식대로 살아갈 테니"라는 식으로 다음 날도 어김없이 늦는다.

정수현 대리는 도 부장 입장에서 볼 때 버릴 것이 없는 팀원이다. 성격이 싹싹해서 사무실 분위기를 항상 밝게 만들고, 인사성도 발라서 다른 부서 직원들에게도 평판이 좋다. 업무도 열심히 하고, 후배 직원들도 잘 챙긴다. 그런데 정 대리가 매우 취약한 부분이 있다면 그건 바로 시간관념이다. 아침 출근 시간에는 도맡아놓고 5분, 10분씩 지각을 일삼는다. 아침 업무를 체크하다가 저쪽 구석에서 바스락거리는 소리가 들려 쳐다보면, 어김없이 정 대리가 지각한 후 고양이걸음으로 살금살금 사무실로 들어와 가방을 풀고 있다. 팀 회의 시간에 자리를 잡고 회의를 시작하면, 잠시 후 끼익 회의실 문이 열린다. 정 대리가 한 손에 커피 한 잔을 들고 한 손에는 필기도구를 들고서 허리를 낮추고 들어와 앉는다. 분명 사무실 내부에 앉아 있다가 회의에 참석하는 건데도, 꼭 몇 분씩 늦게 들어온다. "회의 시작합니다~"라는 말을 들은 후에야 그때부터 커피를 타고 자료를 챙기기 시작한다. 혹여 외부 손님과 미팅이라도 잡아놓으면, 그나마 신경을 써서 정각에 나타나거나 1~2분 늦게 도착한다. 미리 와서 기다리는 경우는 10번중 1번꼴이다. 그래서 정 대리와 시간 약속을 할 때는 항상 조마조마하다.

도 부장은 이런 정 대리의 버릇을 고쳐보려고 무던 노력해왔다. 늦을 때마다 5분에 1만 원씩 받는 식으로 벌금제를 활용해보기도 하고, 면담을 하면서 "시간 엄수는 직장생활의 기본"임을 누차 강조도 했다. 하지만 다른 피드백에 대해서는 쉽게 받아들이고 빨리 개선을 하는 정 대리가 유독 시간 엄수에 있어서는 바뀔 기미가 보이지 않는다. 도대체 어떻게 해야 할까?

출근 시간이나 회의 시간에 늦는 것은 업무능력의 문제가 아니라 태도의 문제다. 업무능력이 아무리 좋아도, 지각을 자주 하면 회사 내에서 좋은 이미지를 만들 수가 없다. 외부고객이나 타부서 담당자와의 관계도 그렇다. 바쁜 시기에 만나자고 졸라대서 겨우 시간을 냈더니, 막상 본인이 미팅시간에 늦으면 좋다고 할 사람은 아무도 없다.

도 부장은, 정 대리를 위해서라도 정 대리와의 면담을 제대로 시도해야 한다. 우선, 가장 먼저 생각할 부분은 정 대리가 왜 계속 늦는지에 대한 원인 부분이다. 정 대리가 안하무인의 태도를 보인다면 그건 큰 문제다. 안하무인(眼下無人)이란 눈 아래에 사람이 없다는 뜻으로, 교만하여 다른 사람을 업신여김을 뜻하기 때문이다. 만약 정 대리가 도 부장과 회사 사람들을 무시해서 그런 태도를 보이는 것이라면, 단호한 조치와 징계가 필요하다. 그러나 정 대리가 안하무인격으로 그러는 것이 아니라면, 일단 원인부터 알아보는 노력이 필요하다. 정 대리 역시 남들 다 앉아 있는 사무실에 늦게 들어가는 게 편치만은 않을 것이니 말이다.

도 부장이 정 대리가 지속적으로 늦는 이유를 물어보면, 정 대리 쪽에서 여러 가지 답변을 할 것이다. "집에서 회사까지의 출퇴근거리가 너무 멉니다" 또는 "아침잠이 많아서 자꾸 늦는 듯합니다", "어제저녁에 야근했어요", "요즘 몸이 안 좋아서요", "공사 중이라 출근길이 계속 막혀요", "택시가 안 잡혀요", "아이를 어린이집에 데려다줘야 해서요" 등등. 이런 정 대리의 답변을 당신이 상사로서 듣는다면, 어떻게 답하고 싶은가? "그걸 말이라고 해?", "다른 직원들 중에 집 먼 사람들도 있지만, 그 사람들은 지각 안 하잖아!", "정 대리, 당신은 신입직원이 아니야. 대리쯤 됐으면 이제 프로 아냐?", "솔직히 그거 다 핑계잖아" 등등 당신은 할 말이 많을 것이다. 그러나 이렇게 바로 되받아치면, 정 대리는 대번 방어적으로 변한다.

부모가 청소년 자녀들을 혼내기가 어려운 이유가 있다. "너 왜 이렇게 늦었어?"라고 물어보면, "아빠, 엄마는 늦은 적 없어요? 왜 나만 갖고 그래요"라고 한다. "너 왜 자꾸 안 좋은 걸 먹으려고 해?"라고 말하면, "아빠, 엄마도 술 드시잖아요. 아빠 엄마는 왜 나쁜 거 먹어요?" 한다. "동생과 자꾸 싸울래?" 하고 혼내면, "아빠랑 엄마도 부부 싸움 하실 때 있잖아요"라고 반박한다. 솔직히, 말문이 막힌다. 당신도 제대로 못 하면서 왜 나만 갖고 그러냐며 반문하면, 할 말이 없을 때가 많다. 상사와 부하 직원의 상황도 비슷하다. 왜 늦느냐는 당신의 질문에 정 대리는 입 밖으로 표현하지는 않지만, '자기도 지난번에 늦었으면서…'라고 생각할 확률이 높다.

그러니 일단은 정 대리의 상황을 인정해준다. 이것이 상사의 현명한 전략 1단계다. "아… 요즘 야근이 많아서 정 대리가 좀 힘들었지", "저녁에 클라이언트들 술자리 참석하다 보면 아침에 몸이 피곤할 거야", "요즘 곳곳에 도로공사들을 많이 하더라고. 정체구간이 길어서 출퇴근이 힘들고말고…" 등 일단 인정부터 하면서 대화를 시작한다. 인정의 힘은 대단하다. 누군가 내 상황과 감정을 인정해준다는 걸 느끼고 나면, 스스로도 이상하리만치 마음이 풀린다. 공격성이 떨어지고 너그러워진다. 상대방의 부정적인 이야기도 그다지 큰 저항 없이 자연스럽게 받아들이게 된다. 귀가 열리면서 누군가의 말을 들을 준비가 된다.

이때가 상사가 전략 2단계로 넘어갈 시점이다. "정 대리의 상황을 잘 알지. 그런데 정 대리가 자꾸 지각을 하다 보니, 팀원들에게 영향이 좀 있는 것 같아. 본인 생각은 어때?"라고 물어보자. 상사가 나서서 "정 대리가 자꾸 늦으니까, 팀원들이 불만이 많아. 집중할 아침 시간에 늦으니까 업무에 방해도 되고. 회의를 9시 정각에 시작할 경우, 정 대리가 없어서 제때 시작 못 하는 경우도 있다고들 하던데. 그래서 지각에 대해 벌칙을 정해야 한다는 이야기들도 나오고 있어" 하고 속사포처럼 정 대리의 지각으로 인해 파생되는 부정적인 결과들을 쭉 늘어놓으면, 다시금 정 대리는 방어태세로 돌입한다. 오히려 이보다는 정 대리의 입에서 이런 이야기들을 하도록 만드는 것이 더 현명하다. 직장생활을 이제 막 시작한 신입사원이 아니라면, 이 정도 문제점들은 충분히 생각할 수 있다.

이제 전략 3단계로 들어갈 차례다. 마지막으로 정 대리에게 질문을 던지며 면담을 마무리하면 된다. "그러니까 앞으론 지각은 말자고. 신경 쓰자고"로 끝내지 말자. 많은 상사들이 몇 차례에 걸쳐 이런 식으로 면담을 끝냈지만, 결국 바뀌는 건 없다. 정 대리에게 "앞으로 어떻게 하면 좋을까? 정 대리 생각을 듣고 싶어"라고 정 대리에게 뜨거운 감자를 던져놓는다. 이런 문제와 관련해서, 상사가 직접 뜨거운 감자를 다루는 건 효과적이지 않다. 본인에게 적용할 벌칙을 스스로 정하게 하는 것이 효과가 좋다. 향후 또 늦게 되면 상사의 입장에서 어떤 조치를 취하면 될지에 대해 당사자인 정 대리가 대답하도록 한다. "한 달에 두 번 이상 늦는 경우, 인사고과점수에 반영하시지요"라든가 "두 번 늦을 경우 연차 하루를 자동으로 제해주세요"라는 등의 대답을 얻어낸다.

    징벌에 대한 내용은 본인의 입으로 이야기하도록 하되, 구체적인 사실 중심이어야 한다. 즉, 적용할 사항들이 명확해야 한다는 의미다. 예를 들어, "또 늦으면, 그날 무조건 야근을 하겠습니다" 식의 벌칙은 하등 도움이 안 된다. '야근'의 개념은 사람마다 다르다. 야근했다고 할 때, 누구는 저녁 10시까지 업무를 했으면 야근했다고 하고, 또 다른 누군가는 한 시간만 넘겨 일해도 야근했다고 한다. 내가 코칭하는 조직의 과장들 중 한 명은, 야근을 한다고 주위에 일종의 쇼잉showing을 한 다음 바로 나가서 저녁 식사를 한 시간 반에서 두 시간 동안 먹는다. 그런 후 사무실로 들어와 이삼십 분 일하고는 바로 퇴근한다. 결국 퇴근 시간은 10시지만, 일한 시간은 기껏해야 삼십 분인 셈이다. 주위 직원들은 그런 과장의 모습을 보며 분통 터져 한다. 과연 이걸 야근이라고 볼 수 있을까? 그러니 규칙위반 시 지켜야 할 벌칙과 징계조항은 구체적일수록 좋다.

　회사생활에 치명적인 오점을 가지고 있는 직원을 다루는 경우보다, 사소한 부분에서 거슬리는 직원 다루기가 어떨 때는 더 까다롭고 조심스럽다. 지각을 반복하는 직원에 대한 당신의 감정부터 가라앉힌 후 면담을 시작해야 효과가 있다는 점, 그리고 지각을 자주 하는 그 직원을 자발적으로 움직이게 하기 위해서는 무엇보다 그 직원의 감정을 우선적으로 배려하고 문제를 풀어가야 한다는 점을 꼭 기억하자.

에필로그

행복하게 일하고 싶다면 감정소통하라

　최근 우리나라뿐 아니라 전 세계를 흔들고 있는 핵심키워드가 '소통'이다. 생각해보면 유독 근래에만 소통을 중요시하는 것 같지만은 않다. 100년 전에도, 500년 전에도, 그 훨씬 이전인 선사시대에도 사람이 두세 명이라도 모여 있는 곳이라면, 소통이 중요했을 것이다. 그리고 그 시대에도 "왜 우리는 소통이 제대로 안 될까"를 가지고 고민도 하고 토론도 벌였을 것이다.

　오늘날 '소통의 기술'이 필요한 사람들은 누구일까? 그러잖아도 할 것 많고 신경 쓸 일이 산더미 같은데, 특별히 감정을 나누고 현명하게 대응하는 소통의 기술을 익혀서 도움이 되는 사람들이 있을까?

　우선 소통의 기술은 리더십 발휘에 도움이 된다. 조직은 공통의 목표를 달성하기 위해 두 사람 이상이 모인 집단이다. 친목을 도모하거나 서로의 취미를 공유하기 위해 모인 집단이 아니다. 그래서 일단 모였으면,

성과를 내야 하고 목적을 이루어야 한다. 어느 조직이나 집단이든 두 사람 이상이 모이면 자신의 주장을 내세우며 편을 가르기도 하고, 저 사람이 싫다는 이유로 협력하기를 거부한다. 그래서 조직 내 누군가가 나서서 사람들의 감정을 한데로 모으고 공통의 목표를 바라보도록 이끌어야 한다. 리더십을 발휘하는 것이다. 그리고 리더십은 나이, 직급과 상관없이 주변 사람들에게 발휘될 수 있다. 직급만 높다고 리더가 아니며, 직급이 낮기 때문에 리더십을 발휘하지 못하는 건 아니다. 오늘날 리더십의 핵심은 사람과의 소통이라고 말한다. 결국 리더는 누군가를 이끌고 영향력을 미치는 사람이다. "난 리더야" 하고 아무리 자기 스스로를 리더라고 불러도, 그 사람을 따르는 사람이 없다면 리더가 아니다. 주위에 아무도 없는데 대체 누구를 이끄느냔 말이다. 리더십의 핵심은 사람들을 다루는 능력에 있고, 그래서 소통이 중요하다.

고객을 만나는 영업마케팅 담당자에게도 소통은 필수다. 영업 담당자의 경우, 영업을 잘하기 위해서 고객과 원활히 소통해야 함을 잘 알고 있다. 고객을 처음 만났을 때, 우선 감정부터 원만하게 트여야 영업의 물꼬도 트인다. 고객이 영업 담당자와 만났는데, 도무지 마음이 열리지가 않고 그 사람에게 물건을 구매하고 싶은 생각이 없다면, 더 이상의 영업성과는 기대할 수 없다.

좋은 부모가 되기 위해서도 소통의 기술은 필요하다. 수많은 책과 언론, 방송, 학계에서는 부모가 아이와 제대로 소통해야 아이가 잘 클 수 있다고 입을 모은다. 기껏해야 각 가정에 한두 명밖에 없는 자녀의 앞날을 위해, 부모는 아이의 감정을 다독여주고 부모 자식 간에 감정의 흐름이 막히지 않도록 주의해야 한다.

교사들에게도 소통은 중요하다. 교사는 학생들과의 원활한 소통을 통해 학급을 잘 이끌어나가야 한다. 아무리 서울대학교를 한 반에서 열 명씩 보내도, 그 학급 내에 왕따가 존재하고 서로를 친구가 아닌 끌어내리고만 싶은 경쟁자로 본다면, 그 학급은 결코 바람직한 모습이 아니다. 그러기 위해 교사는 학생들과 감정을 나누는 방법을 알아야 하며, 학생들 간에 감정이 잘 소통되도록 도와주어야 할 의무가 있다.

앞서 살펴본 리더, 직장인, 영업 담당자, 부모, 교사 등에게 소통은 매우 중요하다. 오늘날 소통이 중요하지 않은 사람은 단 한 명도 없다. "소통을 잘해야 성공한다"라는 매우 단순화시킨 주장도 일단은 틀린 말이 아니다. 소통은 하고 봐야 한다. 우리가 만나는 상대방을 위해, 그리고 우리의 업무를 효과적으로 잘하여 각자가 원하는 목표를 달성하기 위해 소통은 필수적이다.

그런데 여기에는 한 가지 중요한 사실이 빠져 있다. 소통은 단지 '상대방'과 '업무의 효율성'만을 위한 것만이 아니라는 점이다. 소통은 그 누구보다도 당신을 위한 것이다. 우리 각자가 가지고 있는 목표를 성공적으로 달성하기 위해 소통이 필요하지만, 꼭 그렇지 않더라도 소통은 우리가 행복하게 살아가기 위한 필수조건이다.

살다 보면 사람들과 부대끼며 지내는 게 힘겨울 때가 있다. 그 대상이 가족이라 하더라도, 견디기 힘들 때가 분명 있다. 사람이 받을 수 있는 가장 큰 상처는 다름 아닌 사람에게서 온다. 내 맘대로 안 되는 사업, 일, 공부, 취업도 우리의 마음을 힘들게 하지만, 그 무엇보다 강하고 예리한 마음의 상처는 사람이 만들어놓는다.

눈에 보이는 몸의 상처는 시간이 지나면 아물지만, 눈에 보이지 않는 마음의 상처는 생각 외로 쉽게 낫지도 않고 잘 잊히지도 않는다. 그래서 가끔 나도 모르게 말한다. "다 꼴 보기 싫어! 이럴 바엔 차라리 외딴섬에 가서 혼자 살고 싶다"고. 보기 싫은 사람 안 보고, 상처 주는 사람으로부터 멀리 떨어져서 혼자 있고 싶다고 말이다.

2000년에 개봉한, 좀 오래된 영화 중에 〈캐스트 어웨이Cast Away〉가 있다. 톰 행크스가 주연한 이 영화는, 무인도에서 혼자 살아가게 된 한 남자에 대한 이야기다. 페덱스 직원이던 척 놀랜드(톰 행크스)는 비행기 사고로 외딴섬에 혼자 고립된다. 그는 생존을 위해 먹을거리를 구하고 비바람을 피할 거처를 마련한다. 무인도에서 대충 의식주를 해결하고 나자, 그에게 의외의 문제가 생긴다. '외로움'이라는 감정이 걷잡을 수 없이 밀어닥친 것이다.

배고픔과 추위보다 더 그를 괴롭히는 외로움 때문에 그는 감정적으로 의지할 만한 대상을 만들어낸다. 바로 '윌슨'이다. 배구공에 얼굴 모양을 그리고, 윌슨이라는 이름을 붙인 후 말벗으로 삼는다. 척 놀랜드는 왜 그랬을까? 굳이 질문한 것 자체가 바보스럽다. 인간은 당연히 '사회적 동물'이기 때문이다.

주변을 살펴보면, "사람에게 질렸다"라고 말하는 사람들이 있다. 자신의 승진과 출세를 위해 동료 따위 안중에도 없는 몰염치한 입사 동기, "죽을 때까지 너만 사랑할 거야"라고 말해놓고 다른 사람에게로 매정하게 떠나버린 연인, "세상에 믿을 놈 없다지만, 저는 믿으셔도 돼요"라고 간, 쓸개 다 빼줄 것처럼 곰살맞게 굴더니 내가 힘들자 코빼기도 안 비치는 후배까지. 이런 사람들 때문에 우리는 가끔 사람 자체가 싫어진다. 혼자 산속으로 들어가 지내면 사람으로 인한 마음고생 없이 마음 편히 지낼 수 있을 것 같다. 단어 그대로 '힐링'이 절로 될 듯싶다.

그런데 실제로 행동으로 옮겨 '혼자 있기'를 실천해 본 사람들은 그 소감을 이렇게 말한다. 짧게는 일주일, 길게는 두 주만 지나면 사람이 미친 듯이 그리워진다고. 그냥 그리운 게 아니라 '미친 듯이' 그리워진단다. 그래서 결국 혼자 있는 시간들을 견디지 못해 사람들에게로 돌아온다.

소통은 다름 아닌 당신 자신을 위해 필요하다. 원활한 소통을 통해 상사의 신임을 얻고 특진을 하고 연봉을 두 배로 올리기 위한 목적만을 위해 소통을 하는 게 아니다. 하루의 절반 이상, 인생의 가장 왕성하고 빛나는 시기를 회사에서 보내는 당신이, 진정으로 만족스러운 직장생활을 하기 위해서는 소통이 필요하다.

감정에 집중하라

소통에 대한 책들이 많이 쏟아져 나왔지만, 직장 내 소통교육이 넘쳐나는 오늘날에도 여전히 내 주위의 많은 사람들이 소통 때문에 고민한다. "전 소통에는 소질이 없어요.", "굳이 못하는 소통을 잘하려고 노력할 필요가 있을까요? 오히려 스트레스가 쌓여요.",

사실, 소통에는 정해진 답이 없다. 누군가 이런 행동을 할 때 저렇게 하면 단박에 오해가 풀린다거나 바로 사이가 가까워질 수 있다는 등의 정답은 없다. 정확히 말하면, 정답이 있을 수가 없는 문제다. 왜냐하면, 사람마다 똑같은 상황에서 느끼는 감정이 다르기 때문이다. 부하 직원의 보고서에서 치명적인 오자가 발견되었을 때 누군가는 화가 나고, 누군가는 착잡해하며, 누군가는 능력 없는 부하 직원을 둔 자신의 처지 때문에 서글픔을 느낀다.

지금까지 우리는 상황별로 서로의 감정을 소통하는 방법들에 대해 이 책에서 살펴보았다. 이 역시 그 상황에서 취할 수 있는 단 하나의 정답이라고 말할 수는 없다. 다만, 소통을 잘하기 위한 변하지 않는 진리가 있다면, 바로 "감정에 집중하라"는 것이다. "난 그냥 내 스타일대로 행동할래요", "그 사람 감정까지 내가 신경 쓰며 살아야 해요?", "싫으면 그냥 말라고 해요"라고 말하는 순간, 당신은 소통을 할 수 없는 상태가 된다. 소통을 하려면 당신의 마음 문부터 열려야 한다. 당신의 감정이 상대방을 향해 열려 있지 않은데, 어떻게 상대방과 감정을 나누며 공감할 수가 있을까. 더구나 오늘날 사람들은 감정에 예민하다. 그래서 당신이 어떤 감정을 갖고 있는지 대략 눈치챈다. "당신의 감정은 나한테 중요하지 않아요"라는 메시지를 은연중에 보내는 사람과 소통하고 싶은 사람은 단 한 명도 없다.

어떤 상황에서도 현명하게 소통을 잘하는 비결, 그것은 바로 감정에 집중하는 것이다. 당신이 직장에서 만나는 김 상무, 도 부장, 최 팀장, 오 대리, 강 주임의 감정에 관심을 갖자. 저 사람이 왜 저 상황에서 그런 행동을 보였는지 혹시 속상했거나 당황했던 것은 아닌지 잠시 하던 일을 멈추고 생각하자.

아무리 일이 중요하다 해도 결국 업무는 사람이 한다. 그리고 당신의 업무는 당신 혼자 열심히 한다고 원만하게 진행되는 것도 아니다. 당신과 함께 일하는 사람들이 협력하고 도와주지 않으면 혼자서는 하기 힘들다. 시간이 자꾸 지연되고 한계가 느껴진다. 그러니 상대방과의 소통에서 무언가 문제가 있다는 생각이 들면 잠깐 멈춰 서자. 그리고 생각하자. 상대방이 느꼈을 감정과 그 감정에 대한 나의 반응을.

이 책을 쓰면서 나 자신에 대해서 많이 돌아보는 소중한 시간을 가졌다. 과연 우리 주변에 소통을 진짜 잘하는 사람은 누구일까에 대해서도 고민했다. 한때 모 연예인의 주변 인맥이 3천 명이 넘는다는 이야기가 회자되면서 진정한 소통의 달인이라는 기사가 인터넷에 뜨기도 했다. 또는 누구누구가 대한민국에서 권위 있고 유명한 사람들을 대부분 알고 있다며 마당발이라는 소리를 듣기도 했다. 그렇다면 이 사람들이 과연 소통을 잘하는 것일까? 정말 소통의 달인으로 꼽아야 하는 걸까?

난 반드시 그렇다고 생각지 않는다. 소통은 앞서 이야기했듯이, "막혀서 잘 통하고, 통해서 오해가 없는 것"이다. 문어발처럼 수많은 사람을 알아야만 소통을 잘한다는 말을 듣는 것은 아니다. 처음 만나는 사람과 스스럼없이 단박에 친해져야 소통을 잘하는 사람이 아니다. 그저 당신이 서 있는 자리에서, 상대방의 감정과 당신의 감정에 관심을 갖고 천천히 관계를 풀어가면 그걸로 충분하다.

부끄러움이 많은 사람이 사람들과 억지로 친해지기 위해 과잉행동을 보일 필요도 없다. 뭐든 억지로 하면 부자연스럽고, 꼭 오해가 생긴다. 사람들과 일정 시간 어울리면 피로해지는 사람이 상대방에게 잘 보이기 위해 회식에서 2차, 3차까지 억지로 끌려다닐 필요도 없다. 그런다고 소통을 잘하는 사람이라는 말을 듣지는 않는다. 집에 가서 쉬고 싶은데 억지로 노래방에 끌려가 있으면, 당신의 표정과 말투에서 피로감이 새어나온다. 같이 있는 사람들도 당신을 그 자리에 끌고온 것을 후회하기 시작한다. 당신의 성향대로, 욕심부리지 않고, 상대방의 감정에 관심을 가지는 것, 그것이 직장 내에서 현명하게 소통하는 가장 중요한 비결이다.

서른 살, 할 일도 많고 배워야 할 것도 많은 나이다. 그러나 당신이 진정으로 성공적인 직장생활과 삶을 간절히 원한다면, 무엇보다 감정에 집중하자. 감정을 알고 나면, 어떻게 사람들을 대하고 관계를 형성하며 더불어 행복하게 살아갈지 그 길이 보일 것이다. 마지막으로, 나를 비롯하여 감정을 연구하는 많은 학자들이 좋아하는 실번 톰킨스의 말을 인용하며 이 책을 마친다.

"감정과 이성이 결합하면, 열정과 명쾌함이 생긴다. 감정 없는 이성은 무능하며, 이성 없는 감정은 눈 뜬 장님과 같다."

서른 살 감정공부

초판 1쇄 발행 2014년 7월 3일 초판 3쇄 발행 2014년 8월 18일

지은이 함규정 **펴낸이** 연준혁

출판 2분사 분사장 이부연
2부서 편집장 박경순
책임편집 윤서진 **디자인** 강경신
기획실 배민수

제작 이재승

펴낸곳 (주)위즈덤하우스 **출판등록** 2000년 5월 23일 제13-1071호
주소 (410-380) 경기도 고양시 일산동구 정발산로 43-20 센트럴프라자 6층
전화 031)936-4000 **팩스** 031)903-3895 **홈페이지** www.wisdomhouse.co.kr
종이 월드페이퍼 **인쇄·제본** (주)현문 **후가공** 이지앤비

값 13,800원 ISBN 978-89-6086-690-4 13320

* 잘못된 책은 바꿔드립니다.
* 이 책의 전부 또는 일부 내용을 재사용하려면
  사전에 저작권자와 (주)위즈덤하우스의 동의를 받아야 합니다.

국립중앙도서관 출판시도서목록(CIP)

```
서른 살 감정공부 / 지은이: 함규정. ─ 고양 : 위즈덤하우
스, 2014
    p. ;   cm

ISBN 978-89-6086-690-4 13320 : ₩13800

소통(통하다)[疏通]
직장 생활[職場生活]

325.211-KDC5
650.1-DDC21                    CIP2014018039
```